Comercio de criptomonedas

Dominar el mercado de criptomonedas: técnicas y tácticas para un comercio rentable

Ricardo Navarro

Tabla de contenidos

INTRODUCCIÓN

Bienvenido a "Comercio de criptomonedas: Dominando el mercado de criptomonedas - Técnicas y tácticas para un comercio rentable". Este completo libro electrónico profundizará en el fascinante mundo del comercio de criptomonedas y le brindará la información y las tácticas que necesita para navegar con éxito por el mercado.

La industria financiera ha cambiado debido a las criptomonedas, que han creado nuevas oportunidades tanto para los comerciantes como para los inversores. Sin embargo, incluso los traders novatos y experimentados pueden encontrar que la volatilidad y la complejidad del mercado de criptomonedas son desalentadoras. Comprender el mercado es, por lo tanto, esencial para obtener resultados comerciales exitosos.

Este libro electrónico está destinado a servir como su mentor, brindándole una base sólida en el comercio de criptomonedas y ayudándolo a adquirir el conocimiento y las habilidades necesarias para tomar decisiones comerciales acertadas. Este libro electrónico se esfuerza por satisfacer sus necesidades, tanto si es un nuevo operador que desea entrar en el mercado como si es un operador experimentado que busca mejorar sus tácticas. Comenzaremos aprendiendo sobre los conceptos básicos de las criptomonedas, analizando sus antecedentes y conociendo la terminología y los conceptos principales. Después de tener una comprensión firme de los conceptos básicos, analizaremos los conceptos fundamentales del trading, como los métodos de análisis de mercado, la gestión de riesgos y la asignación de capital.

Para comprender correctamente el mercado de criptomonedas, examinaremos numerosos métodos de trading adecuados a diversas filosofías de trading, como el day trading, el swing trading, el trading de posición y el scalping. Repasaremos los detalles de cada táctica y sus beneficios, así como sus inconvenientes, para que puedas determinar qué estrategia se adapta mejor a tus objetivos.

Necesitará las herramientas y técnicas adecuadas para realizar un análisis de mercado detallado, que le proporcionaremos. El análisis técnico es un componente crucial del comercio de criptomonedas. Aprenderá a evaluar los movimientos del mercado e identificar posibles oportunidades de negociación mediante el estudio de patrones gráficos, análisis de velas, niveles de soporte y resistencia e indicadores.
Exploraremos el análisis fundamental y el efecto del sentimiento del mercado, además del análisis técnico. Con el fin de hacer juicios comerciales sabios, aprenderá a evaluar los indicadores económicos, los eventos actuales y los fundamentos del proyecto. También hablaremos de los componentes psicológicos del trading, porque mantener la compostura emocional y tomar decisiones deliberadas son esenciales para el éxito a largo plazo.

A medida que avancemos, examinaremos estrategias de trading sofisticadas como el trading de margen, la venta en corto y el arbitraje, que pueden aumentar su potencial de trading. Además, haremos hincapié en el valor de la seguridad y las mejores prácticas para salvaguardar sus inversiones en criptomonedas y evitar el fraude.
También veremos cómo mantenerse al día con las tendencias del mercado, involucrarse en comunidades

relevantes y desarrollar sus habilidades comerciales con el tiempo. Mantenerse al día con los cambios en el mercado de criptomonedas es esencial para mantener una ventaja competitiva porque cambia constantemente.

Al final de este libro electrónico, tendrá un conocimiento profundo del comercio de criptomonedas y estará equipado con los métodos y estrategias necesarios para moverse con confianza por el mercado. Recuerde que el éxito en el trading requiere un aprendizaje continuo, práctica y adaptabilidad.

Entonces, comencemos este viaje juntos y exploremos la posibilidad de operar con criptomonedas. ¡Prepárese para convertirse en un experto en el mercado de criptomonedas y allanar el camino hacia resultados comerciales exitosos!

CAPÍTULO I

Entendiendo las Criptomonedas

¿Qué son las criptomonedas?

En la era digital, las criptomonedas han surgido como una forma revolucionaria de moneda digital descentralizada que ha capturado la atención y la imaginación de personas de todo el mundo. Mientras que las monedas tradicionales son emitidas y reguladas por los bancos centrales, las criptomonedas operan en una tecnología llamada blockchain, que ofrece un medio seguro, transparente y descentralizado para realizar transacciones financieras. En esta sección, exploraremos los aspectos fundamentales de las criptomonedas, su tecnología subyacente y su impacto en el panorama financiero.

Las criptomonedas, siendo Bitcoin el ejemplo pionero, fueron introducidas en 2009 por un seudónimo utilizado por una persona o grupo de individuos no identificados conocido como Satoshi Nakamoto. La primera criptomoneda descentralizada se creó como una alternativa al sistema financiero tradicional, con el objetivo de eliminar la necesidad de intermediarios como bancos y gobiernos en las transacciones financieras. En el corazón de las criptomonedas se encuentra el concepto de descentralización. A diferencia de las monedas tradicionales que están controladas por autoridades centralizadas, las criptomonedas operan en redes descentralizadas. La tecnología clave detrás de esta descentralización es la cadena de bloques. Un libro mayor distribuido llamado blockchain se utiliza para registrar y verificar transacciones en numerosas computadoras con el fin de mantener la seguridad y la transparencia.

Las criptomonedas poseen varias características distintivas que las diferencian de las monedas tradicionales. En primer lugar, las criptomonedas son digitales y existen únicamente en forma electrónica. No son activos físicos como billetes o monedas. En segundo lugar, las criptomonedas se basan en principios criptográficos, utilizando algoritmos matemáticos avanzados para asegurar las transacciones y controlar la creación de nuevas unidades. Además, las criptomonedas suelen estar descentralizadas, lo que significa que una sola entidad o gobierno no las controla.

Las criptomonedas emplean sólidas medidas de seguridad para proteger las transacciones y las identidades de los usuarios. La cadena de bloques encripta las transacciones antes de almacenarlas, lo que les da un alto nivel de seguridad y resistencia a la manipulación. Las técnicas criptográficas garantizan que solo los destinatarios previstos puedan acceder a las transacciones y descifrarlas. Además, si bien las transacciones son transparentes y se pueden ver en la cadena de bloques, las identidades de los participantes suelen ser seudónimas, lo que proporciona cierto grado de privacidad.

La creación de nuevas unidades de criptomonedas, a menudo llamadas minería, es un aspecto integral de muchas criptomonedas. La minería implica resolver complejos acertijos matemáticos, aportar potencia computacional a la red y verificar transacciones. Los mineros exitosos son recompensados con nuevas unidades de criptomonedas, lo que incentiva el funcionamiento continuo y la seguridad de la red. La oferta de la mayoría de las criptomonedas es limitada, lo que garantiza escasez y valor.

Desde el inicio de Bitcoin, han surgido numerosas criptomonedas, cada una con sus características y propósitos únicos. Algunas criptomonedas, como Ethereum, tienen como objetivo proporcionar una plataforma para aplicaciones descentralizadas y contratos inteligentes, lo que permite a los desarrolladores establecer e implementar sus aplicaciones sobre la cadena de bloques. Otras criptomonedas como Ripple o Litecoin se centran en casos de uso específicos, como transacciones más rápidas o pagos transfronterizos.

Las criptomonedas han ganado una atención y adopción significativas en todo el mundo. Las empresas, las instituciones financieras e incluso los gobiernos han comenzado a reconocer su potencial. Las principales empresas han comenzado a aceptar criptomonedas como forma de pago, mientras que las instituciones financieras han explorado la tecnología blockchain para transacciones más rápidas y seguras. Las criptomonedas también ofrecen inclusión financiera a las poblaciones no bancarizadas, permitiéndoles acceder a servicios financieros a través de sus teléfonos inteligentes.

Si bien las criptomonedas son prometedoras, también enfrentan varios desafíos y preocupaciones. La volatilidad de los precios de las criptomonedas plantea riesgos para los inversores y dificulta su adopción más amplia como medio de intercambio estable. Los marcos regulatorios y la aceptación de los gobiernos varían en todo el mundo, lo que crea incertidumbre y complejidades legales. Además, las preocupaciones sobre las actividades ilícitas y el lavado de dinero han provocado un mayor escrutinio por parte de los organismos reguladores.

Las criptomonedas han marcado el comienzo de una nueva era de finanzas digitales, desafiando los sistemas financieros tradicionales y ofreciendo nuevas oportunidades para individuos y empresas. Con su naturaleza descentralizada, sus características de seguridad y su potencial para la inclusión financiera, las criptomonedas tienen el potencial de remodelar la forma en que realizamos transacciones e interactuamos económicamente. Sin embargo, a medida que el panorama tecnológico y regulatorio continúa evolucionando, es esencial permanecer alerta y adaptarse a la dinámica cambiante de este campo emocionante y transformador.

Breve historia de las criptomonedas

Las criptomonedas han arrasado en el mundo financiero, pero su origen y desarrollo tienen sus raíces en una historia fascinante. Esta sección explora la evolución de las criptomonedas, desde sus inicios conceptuales hasta su adopción e impacto generalizados. Al comprender su historia, podemos obtener información sobre los factores que dieron forma a las criptomonedas y apreciar su importancia en el panorama financiero moderno.

Antes de la introducción de Bitcoin, se hicieron varios intentos de crear monedas digitales. En las décadas de 1980 y 1990, surgieron conceptos como DigiCash, eCash y HashCash, con el objetivo de establecer sistemas de pago digitales seguros y privados. Sin embargo, estos primeros intentos se enfrentaron a desafíos como la adopción limitada, los problemas de escalabilidad y la necesidad de intermediarios de confianza.

El libro blanco de Bitcoin, que fue publicado en 2008 por una persona o grupo que empleaba el seudónimo de Satoshi Nakamoto, fue un punto de inflexión en la historia de las criptomonedas. En este artículo seminal, Nakamoto propuso un sistema de efectivo electrónico peer-to-peer que eliminó la necesidad de intermediarios e introdujo el concepto de tecnología blockchain.

El 3 de enero de 2009, Nakamoto minó el primer bloque, conocido como el Bloque Génesis, marcando el nacimiento de la red Bitcoin. El proceso de minería implica resolver complejos acertijos matemáticos, validar transacciones y asegurar la red. Los mineros, a cambio, reciben Bitcoin recién acuñado como recompensa.

Bitcoin ganó terreno principalmente dentro de una comunidad de nicho de cypherpunks, tecnólogos y entusiastas de la criptografía en los primeros años. Su potencial para transacciones seguras y descentralizadas atrajo la atención y, en 2010, Bitcoin se utilizó como medio de comercio para diversos bienes y servicios. En particular, la infame compra de dos pizzas por 10,000 Bitcoins tuvo lugar en 2010, marcando una de las primeras transacciones de criptomonedas del mundo real.

Tras el éxito de Bitcoin, surgieron las criptomonedas alternativas, a menudo denominadas altcoins. Litecoin, creado por Charlie Lee en 2011, tenía como objetivo mejorar la velocidad de las transacciones y las confirmaciones de Bitcoin. Otras altcoins como Ripple, Ethereum y Bitcoin Cash introdujeron características innovadoras como contratos inteligentes, transacciones más rápidas y soluciones de escalabilidad.

La tecnología subyacente detrás de las criptomonedas, blockchain, ganó reconocimiento por su potencial más allá de las transacciones financieras. La capacidad de Blockchain para proporcionar un mantenimiento de registros seguro, transparente y resistente a la manipulación atrajo la atención de la gestión de la cadena de suministro, la atención médica y los sistemas de votación. Blockchain se convirtió en sinónimo de confianza y transparencia, allanando el camino para numerosos proyectos e iniciativas basados en blockchain. A medida que las criptomonedas maduraron, comenzaron a recibir la atención de las principales instituciones financieras y gobiernos. En 2013, Bitcoin experimentó un importante repunte de precios, atrayendo la cobertura de los medios de comunicación y el interés de los inversores. Los gobiernos y los organismos reguladores comenzaron a tomar nota, lidiando con la necesidad de establecer marcos legales y directrices para la clase de activos emergentes.

Las Ofertas Iniciales de Monedas (ICO) surgieron como un método de recaudación de fondos para proyectos de blockchain. En las ICO, se creaban nuevas criptomonedas o tokens y se ofrecían a los inversores a cambio de monedas tradicionales o criptomonedas establecidas. El auge de las ICO, especialmente en 2017, recaudó miles de millones de dólares para las nuevas empresas basadas en blockchain, pero también atrajo el escrutinio regulatorio debido al fraude y las preocupaciones sobre la protección de los inversores.

La historia de las criptomonedas ha sido desafiante. La volatilidad de los precios, las brechas de seguridad y los obstáculos regulatorios han planteado obstáculos significativos. Varios hackeos y estafas de exchanges de criptomonedas de alto perfil pusieron de manifiesto la necesidad de mejorar las medidas de seguridad y aumentar la supervisión regulatoria. Además, los debates sobre la escalabilidad, la gobernanza y el consumo de energía han dado forma al desarrollo y la evolución de las criptomonedas.

En los últimos años, las criptomonedas han experimentado una creciente adopción y reconocimiento institucional. Las instituciones financieras tradicionales, incluidos los principales bancos, procesadores de pagos y empresas de gestión de activos, han adoptado las criptomonedas y la tecnología blockchain. Los gobiernos y los bancos centrales han explorado el concepto de monedas digitales de bancos centrales (CBDC), con el objetivo de combinar los beneficios de las criptomonedas con la estabilidad y supervisión de las monedas fiduciarias tradicionales.

La historia de las criptomonedas es una historia de innovación, experimentación y resiliencia. Desde la innovadora introducción de Bitcoin hasta la proliferación de altcoins y la adopción más amplia de la tecnología blockchain, las criptomonedas han evolucionado y transformado el panorama financiero. Si bien persisten los desafíos, no se puede ignorar el impacto de las criptomonedas en las finanzas, la tecnología y la sociedad. A medida que miramos hacia el futuro, el desarrollo y la maduración continuos de las criptomonedas prometen una mayor disrupción y transformación en varios sectores, dando forma a nuestro mundo.

Conceptos clave y terminología

Las criptomonedas han introducido un vocabulario nuevo y dinámico en el panorama financiero. Comprender los conceptos clave y la terminología es esencial para navegar por el mundo de las criptomonedas. Esta sección explorará los conceptos y terminologías fundamentales asociados con las criptomonedas, proporcionando una comprensión integral del lenguaje único que rodea a esta innovadora clase de activos.

En el corazón de este campo emergente se encuentra el concepto de criptomoneda en sí. La criptografía es utilizada por las criptomonedas para garantizar la seguridad de las transacciones, tienen control sobre la producción de nuevas unidades y están descentralizadas. Las criptomonedas, como Bitcoin, Ethereum y Litecoin, se basan en redes descentralizadas, lo que permite realizar transacciones entre pares sin necesidad de intermediarios.

Las criptomonedas se basan en la tecnología blockchain. Un libro mayor distribuido llamado blockchain se utiliza para registrar y verificar transacciones en numerosas computadoras con el fin de mantener la seguridad y la transparencia. Cada transacción, conocida como bloque, tiene una marca de tiempo, se encripta y se vincula al bloque anterior, creando una cadena de información cronológica y a prueba de manipulaciones. La amplia aceptación de las criptomonedas se debe principalmente a la seguridad y transparencia que ofrece la tecnología blockchain.

Las herramientas digitales llamadas billeteras de criptomonedas ayudan a los usuarios a almacenar, administrar e interactuar con sus tenencias de criptomonedas. Las billeteras pueden estar basadas en software, ejecutándose en computadoras o dispositivos móviles, o basadas en hardware, utilizando dispositivos físicos diseñados específicamente para mejorar la seguridad. Las billeteras generan y almacenan las claves privadas necesarias para acceder y administrar los fondos de criptomonedas.

Las claves públicas y privadas son elementos criptográficos que desempeñan un papel vital en la seguridad de las transacciones de criptomonedas. Una clave pública es una cadena alfanumérica única que sirve como dirección para recibir fondos. Se comparte públicamente con otros para facilitar las transacciones. Por otro lado, una clave privada es una cadena alfanumérica secreta conocida solo por el propietario. Se utiliza para firmar digitalmente las transacciones y proporcionar acceso a los fondos asociados a la clave pública correspondiente.

La descentralización es un principio fundamental en las criptomonedas. A diferencia de los sistemas financieros tradicionales que dependen de autoridades centrales, las criptomonedas operan en redes descentralizadas. La descentralización distribuye el control y la toma de decisiones a través de una red de participantes, mejorando la transparencia, la seguridad y la resistencia a la censura.

La minería es el proceso mediante el cual se crean nuevas unidades de criptomonedas, se verifican las transacciones y se asegura la cadena de bloques. Las transacciones son validadas y agregadas a la cadena de bloques por mineros que utilizan recursos computacionales para resolver acertijos matemáticos desafiantes. Los mineros exitosos son recompensados con unidades de criptomonedas recién acuñadas, lo que incentiva su participación y garantiza la integridad de la red.

Los mecanismos de consenso son protocolos que utilizan las redes descentralizadas para acordar el estado de la cadena de bloques y validar las transacciones. Bitcoin, por ejemplo, emplea un mecanismo de consenso llamado Proof of Work (PoW), en el que los mineros compiten para resolver acertijos computacionales. Otras criptomonedas, como Ethereum, están haciendo la transición a mecanismos alternativos, como Proof of Stake (PoS), que selecciona a los validadores en función de su propiedad o "participación" en la red.

Las bifurcaciones ocurren cuando hay una divergencia en la ruta de la cadena de bloques, lo que resulta en dos o más cadenas separadas con su propia versión del historial de transacciones. Las bifurcaciones duras son cambios significativos en el protocolo que no son compatibles con versiones anteriores, lo que lleva a una división permanente. Las bifurcaciones suaves, por otro lado, son actualizaciones compatibles con versiones anteriores que introducen nuevas características o reglas. Las bifurcaciones pueden ser el resultado de desacuerdos entre la comunidad o actualizaciones intencionales del protocolo.

Un contrato autoejecutable con reglas predefinidas codificadas en una cadena de bloques se conoce como contratos inteligentes. Estos contratos ejecutan automáticamente acciones cuando se cumplen condiciones específicas. Ethereum introdujo el concepto de contratos inteligentes, lo que permite a los desarrolladores crear aplicaciones descentralizadas (DApps) que ejecutan código de forma transparente y autónoma. Los contratos inteligentes tienen aplicaciones más allá de las transacciones financieras, incluida la gestión de la cadena de suministro, la identidad digital y la gobernanza descentralizada.

Las Ofertas Iniciales de Monedas (ICO) revolucionaron la recaudación de fondos en el espacio de las criptomonedas. Las ICO permiten a los proyectos emitir y vender tokens a los inversores, proporcionándoles acceso a productos, servicios o derechos de gobernanza específicos del proyecto. Los tokens pueden representar varios activos, como la utilidad, la seguridad o la gobernanza, y generalmente se basan en plataformas de blockchain existentes como Ethereum.

Las altcoins, o monedas alternativas, se refieren a criptomonedas distintas de Bitcoin. A pesar de que Bitcoin fue la primera criptomoneda, pronto siguieron varias alternativas diferentes debido al éxito del concepto. Las altcoins a menudo buscan abordar problemas específicos o introducir características novedosas, como monedas centradas en la privacidad como Monero o monedas centradas en la escalabilidad como Ripple.

Los intercambios de criptomonedas permiten a las personas comprar, vender e intercambiar criptomonedas. Los exchanges brindan a los usuarios acceso a varias criptomonedas, liquidez y pares comerciales. Pueden ser centralizados, operados por una sola entidad, o descentralizados, operando sin una autoridad central. Los intercambios, que son cruciales para el ecosistema de las criptomonedas, permiten que las criptomonedas se intercambien por dinero fiduciario u otras criptomonedas.

Dominar los conceptos clave y la terminología de las criptomonedas es esencial para cualquiera que busque comprender y comprometerse con esta innovadora clase de activos. Desde la comprensión de la tecnología blockchain subyacente hasta la comprensión de la importancia de las claves públicas y privadas, las billeteras, la minería y los mecanismos de consenso, estos conceptos forman la base del ecosistema de las criptomonedas. A medida que las criptomonedas continúan evolucionando y remodelando el panorama financiero, una sólida comprensión de estos conceptos clave permitirá a las personas navegar por las complejidades de este campo dinámico y transformador.

Criptomonedas populares en el mercado

El mercado de las criptomonedas ha experimentado un crecimiento explosivo, con miles de monedas digitales creadas desde el inicio de Bitcoin. Si bien Bitcoin sigue siendo la criptomoneda más conocida, varias otras criptomonedas han ganado una popularidad y un reconocimiento significativos. Esta sección explorará algunas de las criptomonedas más populares del mercado, examinando sus características únicas, casos de uso e impacto en el ecosistema de las criptomonedas.

Bitcoin (BTC), introducido en 2009, fue la primera criptomoneda descentralizada y sigue siendo el jugador más dominante en el mercado. Creado por el seudónimo Satoshi Nakamoto, Bitcoin opera en una red peer-to-peer y utiliza la tecnología blockchain. Busca proporcionar un medio de intercambio descentralizado, abierto y seguro, así como un lugar para almacenar valor. La escasez de Bitcoin, el suministro limitado de 21 millones de monedas y su papel como criptomoneda original han contribuido a su estatus como el oro digital y un punto de referencia para todo el mercado de criptomonedas.

Ethereum (ETH), lanzado en 2015 por Vitalik Buterin, introdujo un nuevo concepto en el mundo de las criptomonedas: los contratos inteligentes. La cadena de bloques de Ethereum permite a los desarrolladores crear e implementar aplicaciones descentralizadas (DApps) y ejecutar contratos inteligentes autoejecutables. La criptomoneda nativa de la cadena de bloques de Ethereum se llama Ether (ETH), que se utiliza para transacciones, impulsar contratos inteligentes y participar en aplicaciones de finanzas descentralizadas (DeFi). La versatilidad de Ethereum y su papel como plataforma para la innovación la han convertido en una de las criptomonedas más populares.

El exchange de criptomonedas Binance introdujo Binance Coin (BNB) en 2017, y se utilizó inicialmente como token de utilidad dentro del ecosistema de Binance. BNB se utiliza para acceder a varias funciones y servicios de la plataforma, pagar las tarifas de transacción en el intercambio de Binance y participar en las ventas de tokens. Con el tiempo, Binance Coin ha evolucionado hacia un ecosistema más amplio, que incluye proyectos de finanzas descentralizadas (DeFi) y aplicaciones basadas en blockchain. La popularidad de BNB se debe en gran medida a su asociación con uno de los exchanges de criptomonedas más grandes del mundo y a su creciente utilidad dentro del ecosistema de Binance.

Ripple (XRP), creado en 2012, tiene como objetivo revolucionar el sistema de pago global al facilitar transacciones transfronterizas rápidas y de bajo costo. A diferencia de muchas otras criptomonedas, Ripple no se extrae. La red Ripple se basa en un protocolo de consenso que permite la liquidación rápida y segura de las transacciones. La criptomoneda nativa de la red Ripple se llama XRP y actúa como moneda puente para facilitar las transferencias entre diferentes monedas fiduciarias. El enfoque de Ripple en las remesas y las asociaciones con instituciones financieras han atraído la atención, posicionándolo como una opción popular para las transacciones internacionales.

Cardano (ADA), lanzada en 2017, es una plataforma blockchain que busca proporcionar una infraestructura segura y sostenible para aplicaciones descentralizadas y contratos inteligentes. Desarrollado por un equipo de académicos e ingenieros, Cardano aprovecha un enfoque científico de la tecnología blockchain, haciendo hincapié en la investigación revisada por pares y las rigurosas prácticas de desarrollo. ADA es la criptomoneda nativa de la plataforma Cardano, que se utiliza para apostar, participar en la gobernanza de la plataforma y permitir transacciones. El compromiso de Cardano con el rigor académico y su enfoque en la escalabilidad y la sostenibilidad han ganado seguidores leales.

Litecoin (LTC), introducida en 2011 por Charlie Lee, fue una de las primeras criptomonedas en surgir después de Bitcoin. A menudo llamado como la plata del oro de Bitcoin, Litecoin ofrece tiempos de generación de bloques más rápidos y un algoritmo de hash diferente, lo que lo hace más adecuado para las transacciones diarias. El objetivo principal de Litecoin es proporcionar un medio de intercambio escalable y eficiente. Con una comunidad sólida y un historial de operaciones confiables, Litecoin ha mantenido su popularidad y sigue siendo una de las

principales criptomonedas por capitalización de mercado.

Polkadot (DOT), creada por el cofundador de Ethereum, Gavin Wood, es una plataforma multicadena que permite que diferentes cadenas de bloques interoperen y compartan información. Su objetivo es proporcionar un entorno escalable y seguro para crear e implementar aplicaciones y servicios descentralizados. La criptomoneda nativa de Polkadot, DOT, desempeña un papel central en la gobernanza de la red y permite a los titulares participar en el proceso de toma de decisiones de la plataforma. Las características de interoperabilidad y escalabilidad de Polkadot han atraído la atención, posicionándolo como una opción popular para los proyectos que buscan funcionalidad entre cadenas.

Chainlink (LINK), lanzada en 2017, es una red de oráculos descentralizada que busca conectar contratos inteligentes con datos del mundo real y API externas. Los oráculos proporcionan información esencial a los contratos inteligentes, lo que les permite interactuar con sistemas externos y desencadenar acciones basadas en datos en tiempo real. La criptomoneda nativa de la red Chainlink se llama LINK y sirve para incentivar a los operadores de oráculos y asegurar la red. El enfoque de Chainlink en cerrar la brecha entre blockchain y los datos del mundo real lo ha posicionado como un componente de infraestructura crucial en el espacio de las finanzas descentralizadas (DeFi).

El mercado de las criptomonedas es rico en diversos activos digitales, cada uno de los cuales sirve para diferentes propósitos y atiende a casos de uso específicos. Las criptomonedas populares mencionadas en este ensayo representan una fracción del vibrante ecosistema. El dominio de Bitcoin como pionero y oro digital, la innovación de Ethereum en contratos inteligentes y las características únicas de otras criptomonedas populares como Binance Coin, Ripple, Cardano, Litecoin, Polkadot y Chainlink han dado forma al mercado e impulsado la adopción y el desarrollo de la tecnología blockchain. A medida que el mercado de las criptomonedas evolucione, surgirán nuevos proyectos y tecnologías, diversificando aún más el panorama e impulsando la innovación en el espacio de los activos digitales.

CAPÍTULO II

Fundamentos del Trading

Principios básicos de trading

El comercio de criptomonedas ofrece oportunidades interesantes para que los inversores y comerciantes participen en un mercado dinámico y en rápida evolución. Sin embargo, el comercio exitoso de criptomonedas requiere una sólida comprensión de los principios básicos del comercio. Esta sección explorará los principios fundamentales que guían el comercio en el mercado de criptomonedas. Al comprender estos principios, los operadores pueden tomar decisiones informadas y navegar por las complejidades del comercio de criptomonedas.

El primer principio del éxito en el comercio de criptomonedas es adquirir conocimientos y realizar una investigación exhaustiva. Los traders deben comprender la tecnología subyacente, las tendencias del mercado y los factores que afectan a los precios de las criptomonedas. Mantenerse informado sobre las noticias de la industria, los avances tecnológicos, los desarrollos regulatorios y las actualizaciones de proyectos es esencial. Un conocimiento profundo de las criptomonedas con las que está operando le permitirá identificar
oportunidades potenciales y tomar decisiones informadas.

La gestión eficaz del riesgo es crucial en el comercio de criptomonedas. Los traders nunca deben asumir más riesgos de los que pueden soportar perder. Es esencial establecer una estrategia de gestión de riesgos que incluya el establecimiento de órdenes de stop-loss, la diversificación de las inversiones y la determinación de la relación riesgo-recompensa. La gestión del riesgo ayuda a proteger el capital y evita la toma de decisiones emocionales basadas en las fluctuaciones de precios a corto plazo. Al implementar principios sólidos de gestión de riesgos, los operadores pueden minimizar las pérdidas y preservar su capital comercial.
El análisis técnico es una herramienta clave en el comercio de criptomonedas. Consiste en analizar datos históricos de precios, patrones gráficos e indicadores para identificar tendencias y predecir futuros movimientos de precios. El análisis técnico ayuda a los traders a identificar los niveles de soporte y resistencia, las líneas de tendencia y otros patrones para guiar las decisiones de trading. Comprender los indicadores técnicos, como las medias móviles, el índice de fuerza relativa (RSI) y el MACD, puede proporcionar información valiosa sobre el

sentimiento del mercado y los posibles puntos de entrada y salida.

Además del análisis técnico, el análisis fundamental juega un papel vital en el comercio de criptomonedas. El análisis fundamental consiste en evaluar el valor intrínseco de una criptomoneda teniendo en cuenta factores como el equipo del proyecto, la tecnología, las asociaciones, la tasa de adopción y la demanda del mercado. Al examinar los aspectos fundamentales de una criptomoneda, los operadores pueden evaluar su potencial a largo plazo y tomar decisiones de inversión informadas. La combinación del análisis técnico y fundamental puede proporcionar una visión completa del valor y las perspectivas de una criptomoneda.

El control emocional y la disciplina son aspectos críticos para el éxito del comercio de criptomonedas. El precio de las criptomonedas fluctúa significativamente debido a la considerable volatilidad del mercado. Los traders deben evitar tomar decisiones impulsivas basadas en el miedo, la codicia o el FOMO (miedo a perderse algo). Seguir un plan de trading bien definido, ceñirse a puntos de entrada y salida predeterminados y mantener la disciplina emocional son esenciales. El trading basado en un análisis racional en lugar de las emociones es clave para el éxito a largo plazo en el mercado de las criptomonedas.

La gestión eficaz de las operaciones implica la supervisión y el ajuste de las operaciones en función de las condiciones del mercado. Los traders deben establecer objetivos de beneficios realistas y determinar los niveles de stop-loss adecuados para protegerse contra los movimientos adversos de los precios. La aplicación de técnicas adecuadas de gestión de operaciones, como trailing stops o escalar dentro y fuera de posiciones, puede ayudar a maximizar las ganancias y minimizar las pérdidas. La revisión y el ajuste periódicos de las operaciones en función de la dinámica del mercado garantiza que los operadores se adapten y respondan a las condiciones cambiantes del mercado.

La paciencia y el tiempo son principios cruciales en el comercio de criptomonedas. Los traders deben esperar a los puntos de entrada óptimos en lugar de perseguir los movimientos de precios. Sincronizar el mercado es un desafío, y las decisiones comerciales impulsivas basadas en las fluctuaciones del mercado a corto plazo pueden generar pérdidas. La paciencia permite a los operadores esperar confirmaciones, analizar las tendencias del mercado y tomar decisiones informadas. Los traders exitosos entienden que las oportunidades surgen continuamente en el mercado de criptomonedas y tienen paciencia para aprovecharlas en el momento adecuado. El mercado de las criptomonedas es dinámico y está en constante evolución. Los traders exitosos reconocen la importancia del aprendizaje y la adaptación continuos. Mantenerse actualizado con las últimas tendencias del mercado, los avances tecnológicos y las estrategias comerciales es esencial. Los traders deben buscar activamente recursos educativos, participar en foros y comunidades, y analizar operaciones pasadas para mejorar sus habilidades. La adaptación a las condiciones cambiantes del mercado, la implementación de nuevas estrategias y el ajuste de los enfoques comerciales basados en la experiencia y las lecciones aprendidas contribuyen al éxito a largo plazo.

Evaluar la relación riesgo-recompensa es un aspecto crucial del comercio de criptomonedas. Los traders deben considerar cuidadosamente el beneficio potencial en relación con la pérdida potencial de una operación antes de entrar en ella. Una relación riesgo-recompensa favorable ayuda a los traders a identificar las operaciones en las que el beneficio potencial supera a la pérdida potencial. Al entrar selectivamente en operaciones con una relación riesgo-recompensa positiva, los operadores pueden aumentar sus posibilidades de lograr resultados rentables a largo plazo.

Mantener la coherencia y el mantenimiento meticuloso de registros son principios esenciales en el comercio de criptomonedas. Los traders deben desarrollar y seguir un plan de trading bien definido, ceñiéndose a estrategias y directrices predeterminadas. La revisión periódica de las operaciones, el análisis de los éxitos y los fracasos, y el mantenimiento de registros detallados de las operaciones y los resultados permiten a los operadores identificar patrones, fortalezas y áreas de mejora. La consistencia y el mantenimiento de registros proporcionan información valiosa y ayudan a refinar las estrategias comerciales para obtener mejores resultados.

El éxito en el comercio de criptomonedas es el resultado de adherirse a los principios básicos del comercio y perfeccionar continuamente las habilidades. Al adquirir conocimientos, realizar investigaciones, implementar estrategias de gestión de riesgos, analizar factores técnicos y fundamentales, ejercer control emocional y mantener la disciplina, los operadores pueden navegar con confianza por el mercado de criptomonedas. La paciencia, el tiempo, el aprendizaje continuo y la adaptabilidad son fundamentales en un mercado en rápida evolución. Al aplicar estos principios y mantener la coherencia en las prácticas comerciales, los comerciantes pueden aumentar sus posibilidades de lograr resultados rentables y éxito a largo plazo en el emocionante mundo del comercio de criptomonedas.

Técnicas de análisis de mercado

El análisis de mercado es crucial para operar con éxito en cualquier mercado financiero, incluidas las criptomonedas. Los traders confían en diversas técnicas para analizar las tendencias del mercado, el sentimiento de los inversores y los patrones de precios, lo que les permite tomar decisiones informadas. Esta sección explorará las diferentes técnicas de análisis de mercado que utilizan los traders en criptomonedas. Comprender estas técnicas permitirá a los operadores analizar las condiciones del mercado y mejorar sus resultados
comerciales de manera efectiva.

Las técnicas de análisis de mercado abarcan una serie de herramientas y metodologías que los traders utilizan para evaluar la dinámica del mercado, identificar tendencias y determinar posibles oportunidades de trading. Estas técnicas se dividen en varias categorías: análisis técnico, análisis fundamental, análisis de sentimientos, análisis de volumen, análisis de tendencias, análisis de correlación y análisis de marcos temporales. Cada técnica ofrece una visión única del mercado, proporcionando a los traders información valiosa para guiar sus decisiones de trading. El análisis técnico es una técnica ampliamente utilizada en el comercio de criptomonedas. Los traders confían en gráficos, indicadores y patrones de precios para identificar posibles puntos de entrada y salida. Los patrones gráficos, como los niveles de soporte y resistencia, las líneas de tendencia y las formaciones de velas, ayudan a los traders a medir el sentimiento del mercado y predecir los movimientos futuros de los precios. Los indicadores técnicos y los osciladores, como las medias móviles, el índice de fuerza relativa (RSI) y los osciladores estocásticos, proporcionan información sobre las condiciones del mercado, incluidos los niveles de sobrecompra y sobreventa.

El análisis fundamental es otra técnica esencial de análisis de mercado. Los traders evalúan el valor intrínseco de una criptomoneda evaluando factores externos como los estados financieros, los eventos noticiosos, las asociaciones, las tasas de adopción y la demanda del mercado. Al examinar el equipo detrás del proyecto, la tecnología, los casos de uso y el sentimiento del mercado, los operadores pueden formarse una opinión sobre el valor potencial a largo plazo de una criptomoneda. El análisis fundamental proporciona una perspectiva más amplia sobre las perspectivas de la criptomoneda más allá de los movimientos de precios a corto plazo.

El análisis del sentimiento desempeña un papel crucial en la comprensión de la psicología del mercado y el sentimiento de los inversores. Los traders miden el sentimiento del mercado mediante el seguimiento de los canales de las redes sociales, los foros en línea y las herramientas de análisis de sentimiento. El sentimiento positivo o negativo puede influir en los movimientos de precios a corto plazo de una criptomoneda. Al identificar los cambios en el sentimiento, los traders pueden alinear sus estrategias de trading con el sentimiento predominante del mercado o tomar posiciones contrarias cuando el sentimiento se vuelve excesivamente alcista o bajista.

El análisis de volumen se centra en estudiar los volúmenes de negociación para obtener información sobre la dinámica del mercado y las tendencias de los precios. Los altos volúmenes de negociación a menudo indican una mayor actividad del mercado y pueden proporcionar una confirmación de los movimientos de precios. Los traders analizan los patrones de volumen junto con los movimientos de precios y los patrones de los gráficos para evaluar la fuerza y la sostenibilidad de las tendencias. Los picos de volumen o divergencias inusuales pueden indicar posibles cambios de tendencia o la aparición de nuevas tendencias.

El análisis de tendencias ayuda a los traders a identificar la dirección y la fuerza de los movimientos de precios. Los traders pueden identificar y confirmar tendencias mediante el uso de herramientas como medias móviles, líneas de tendencia y canales de precios. El análisis de tendencias ayuda a los traders a tomar decisiones informadas basadas en la dirección predominante del mercado, ya sea una tendencia alcista, bajista o lateral. Al alinear sus estrategias comerciales con las tendencias predominantes, los operadores pueden aumentar sus posibilidades de operaciones rentables.

El análisis de correlación implica estudiar las relaciones entre diferentes criptomonedas o entre criptomonedas y otros activos. Los traders analizan los patrones de correlación para identificar oportunidades potenciales de diversificación o estrategias de cobertura. Las correlaciones positivas indican movimientos de precios similares, mientras que las correlaciones negativas sugieren movimientos de precios opuestos. Al comprender las correlaciones, los traders pueden gestionar el riesgo y tomar decisiones informadas basadas en las relaciones entre los diferentes activos.

Para obtener una visión completa de las tendencias del mercado, el análisis de marcos temporales implica examinar diferentes marcos temporales, como el corto plazo (intradía), el mediano plazo y el largo plazo. Los traders analizan múltiples marcos de tiempo para identificar las principales tendencias y los posibles puntos de entrada y salida. Un análisis de múltiples marcos de tiempo permite a los operadores alinear eficazmente sus estrategias de negociación con las tendencias predominantes y cronometrar sus operaciones.

Las técnicas de análisis de mercado son herramientas indispensables para los comerciantes de criptomonedas que buscan tomar decisiones comerciales informadas. El análisis técnico proporciona información sobre los patrones de precios, los indicadores y los patrones gráficos, lo que ayuda a los operadores a identificar posibles puntos de entrada y salida. El análisis fundamental evalúa el valor intrínseco de las criptomonedas teniendo en cuenta factores como las evaluaciones de proyectos, los eventos noticiosos, las tasas de adopción y el sentimiento del mercado. El análisis de sentimientos, el análisis de volúmenes, el análisis de tendencias, el análisis de correlación y el análisis de marcos temporales complementan aún más el conjunto de herramientas del trader, permitiéndole medir el sentimiento del mercado, evaluar la dinámica del mercado e identificar posibles oportunidades de trading.

Los traders deben entender que ninguna técnica de análisis por sí sola puede garantizar el éxito de las operaciones. Una combinación de estas técnicas, la gestión de riesgos y la disciplina comercial son necesarias para una rentabilidad constante. Al aplicar estas técnicas de análisis de mercado, los comerciantes de criptomonedas pueden mejorar su comprensión de las condiciones del mercado y mejorar sus procesos de toma de decisiones, aumentando sus posibilidades de éxito en el mercado de criptomonedas dinámico y en rápida evolución.

Introducción al análisis técnico

El análisis técnico es un enfoque ampliamente utilizado en los mercados financieros que ayuda a los operadores e inversores a tomar decisiones informadas basadas en el estudio de datos históricos de precios, patrones gráficos y diversos indicadores técnicos. En el mundo de las criptomonedas, el análisis técnico desempeña un papel vital en la comprensión de las tendencias del mercado, la identificación de posibles puntos de entrada y salida y la predicción de futuros movimientos de precios. Esta sección explorará los conceptos fundamentales del
análisis técnico, sus componentes clave y su importancia en el mercado de criptomonedas.

El análisis técnico es una disciplina esencial para los
traders que buscan navegar por las complejidades del
mercado de criptomonedas. Se basa en varios principios
fundamentales y abarca varias herramientas y técnicas
que los traders utilizan para analizar los datos de precios
y tomar decisiones de trading.
La idea de que el precio lo descuenta todo es uno de los
principales principios del análisis técnico. Esto significa
que toda la información relevante, incluidos los
fundamentos del mercado y el sentimiento de los
inversores, ya se refleja en el precio de un activo. Los
analistas técnicos se centran en los patrones y tendencias
de los precios en lugar de en los factores subyacentes que
impulsan esos patrones.
Las tendencias son una parte integral del análisis técnico.
Los traders reconocen que los mercados se mueven en
tendencias, que pueden clasificarse como tendencias
alcistas, bajistas o laterales. Identificar y comprender la
tendencia predominante es crucial para tomar decisiones
comerciales informadas.

Los niveles de soporte y resistencia son otro concepto fundamental en el análisis técnico. El soporte representa un nivel de precios en el que se espera que la presión de compra supere la presión de venta, lo que hace que el precio se recupere. Por otro lado, la resistencia es un nivel de precios en el que se espera que la presión de venta supere la presión de compra, lo que hace que el precio se revierta o se estanque. Los traders emplean niveles de soporte y resistencia para determinar los posibles puntos de entrada y salida.

Los patrones gráficos son formaciones recurrentes en los gráficos de precios que proporcionan información sobre los movimientos futuros de los precios. Los analistas técnicos estudian patrones como la cabeza y los hombros, los dobles techos, los triángulos y las banderas para identificar posibles cambios o continuaciones de tendencias. Estos patrones ayudan a los traders a anticipar los movimientos de precios y a tomar decisiones de trading informadas.

En el análisis técnico también se utiliza una amplia gama de indicadores técnicos, que son cálculos matemáticos basados en datos de precios y volúmenes. Estos indicadores ayudan a los traders a identificar tendencias, condiciones de sobrecompra o sobreventa y posibles reversiones. Las medias móviles, el índice de fuerza relativa (RSI), los osciladores estocásticos y el MACD (Moving Average Convergence Divergence) son indicadores de uso común que proporcionan información valiosa sobre la dinámica del mercado.

Para representar visualmente los datos de precios, los analistas técnicos utilizan diferentes tipos de gráficos. Los gráficos de líneas proporcionan una vista simplificada de las tendencias de precios al trazar los precios de cierre durante un período específico. Al mostrar los precios de apertura y cierre, así como los precios más altos y más bajos alcanzados durante un período determinado, los gráficos de barras proporcionan información más detallada. Los gráficos de barras y los gráficos de velas son similares, pero los gráficos de velas incluyen datos más visuales, como la relación entre los precios de apertura y cierre y el rango de precios durante el período. Los patrones de velas, como los patrones doji, martillo y envolvente, ayudan a los traders a identificar posibles reversiones o continuaciones.

Las herramientas de análisis técnico están diseñadas para ayudar a los operadores a analizar los datos de precios y tomar decisiones comerciales informadas. Las medias móviles, por ejemplo, ayudan a identificar tendencias y posibles niveles de soporte y resistencia. Un oscilador de impulso, conocido como índice de fuerza relativa (RSI), mide la tasa y la varianza de los cambios de precios e indica posibles posiciones de sobrecompra o sobreventa. Las Bandas de Bollinger ayudan a identificar períodos de alta o baja volatilidad y posibles rupturas de precios. Los niveles de retroceso de Fibonacci ayudan a identificar posibles niveles de soporte y resistencia basados en ratios de precios específicos derivados de la secuencia de Fibonacci.

Si bien el análisis técnico ofrece información valiosa sobre las tendencias del mercado y los patrones de precios, tiene limitaciones. La subjetividad es una limitación, ya que diferentes traders pueden interpretar el mismo patrón gráfico o indicador de manera diferente, lo que lleva a variaciones en las decisiones de trading. El análisis técnico también se basa en datos históricos, y el rendimiento pasado puede no predecir necesariamente los movimientos futuros de los precios. Los factores externos y la dinámica del mercado pueden cambiar, lo que hace que los patrones históricos sean menos fiables. Además, el mercado de criptomonedas es susceptible de manipulación, y los operadores deben ser cautelosos al aplicar el análisis técnico en dichos mercados.

El análisis técnico es una poderosa herramienta que utilizan los traders para analizar los datos históricos de precios, identificar tendencias y predecir futuros movimientos de precios. Se basa en principios como el descuento de precios, el análisis de tendencias, el soporte y la resistencia, y la interpretación de patrones gráficos e indicadores técnicos. Al comprender los conceptos básicos del análisis técnico y utilizar diferentes tipos de gráficos y herramientas de análisis técnico, los operadores pueden obtener información valiosa sobre el mercado de criptomonedas. Sin embargo, es importante reconocer las limitaciones del análisis técnico y combinarlas con otras formas de análisis, gestión de riesgos y disciplina comercial para tomar decisiones comerciales bien informadas.

El análisis fundamental y su relevancia

El análisis fundamental evalúa los activos financieros, como las acciones, los bonos y las criptomonedas, mediante el análisis de los factores fundamentales que impulsan su valor. Se centra en examinar los aspectos económicos, financieros y cualitativos subyacentes de un activo para determinar su valor intrínseco. En esta sección, exploraremos el concepto de análisis fundamental, sus componentes clave y su relevancia en el contexto de la evaluación de criptomonedas.

El análisis fundamental es una disciplina esencial para los inversores que buscan tomar decisiones de inversión informadas basadas en el valor subyacente de un activo.

Implica analizar varios factores que contribuyen al valor de un activo y evaluar su potencial de crecimiento y rentabilidad.

El concepto central del análisis fundamental se basa en la creencia de que el valor intrínseco de un activo está determinado por sus atributos fundamentales. Esto implica evaluar factores como los estados financieros, los indicadores económicos, las tendencias de la industria, las ventajas competitivas, la calidad de la gestión y la demanda del mercado.

Los estados financieros juegan un papel crucial en el análisis fundamental. Ofrecen información sobre la estabilidad, el rendimiento y la salud financiera de una organización. Al analizar los ratios financieros clave, como los beneficios por acción (BPA), la relación precio-beneficio (P/E) y la rentabilidad de los fondos propios (ROE), los inversores pueden evaluar la rentabilidad, la liquidez y la eficiencia de una empresa.

Los factores económicos también son importantes en el análisis fundamental. Comprender los indicadores macroeconómicos, como el crecimiento del PIB, las tasas de inflación, las tasas de interés y las políticas gubernamentales, ayuda a los inversores a evaluar la salud general de la economía y su posible impacto en el valor de los activos.

El análisis de la industria es otro componente clave del análisis fundamental. Evaluar las tendencias de la industria, la dinámica del mercado y el panorama competitivo ayuda a los inversores a identificar empresas o sectores con potencial de crecimiento. Factores como el tamaño del mercado, la cuota de mercado, los avances tecnológicos y el entorno normativo se tienen en cuenta a la hora de evaluar las perspectivas a largo plazo de un activo.

La calidad de la gestión y el liderazgo son factores cruciales en el análisis fundamental. La evaluación de la competencia, la experiencia y la visión estratégica del equipo directivo de una empresa proporciona información sobre su capacidad para impulsar el crecimiento y crear valor. Del mismo modo, evaluar al equipo detrás de un proyecto de criptomoneda ayuda a determinar su potencial de éxito y adopción.

La demanda y la adopción del mercado son consideraciones fundamentales a la hora de evaluar el valor de un activo. Comprender el mercado objetivo, las preferencias de los clientes y la dinámica del mercado ayuda a los inversores a evaluar el potencial de crecimiento y la sostenibilidad de un activo. Esto es particularmente relevante en el mercado de criptomonedas, donde las tasas de adopción y el apoyo de la comunidad determinan significativamente el valor de una criptomoneda.

El análisis fundamental es muy relevante en la evaluación de las criptomonedas. Las características únicas de las criptomonedas, como su naturaleza descentralizada y su dependencia de la tecnología blockchain, requieren un examen cuidadoso de sus atributos fundamentales. A diferencia de los activos financieros tradicionales, las criptomonedas suelen carecer de flujos de caja o activos tangibles. Por lo tanto, el análisis fundamental se centra en evaluar la tecnología, los casos de uso, las asociaciones, la tasa de adopción y la estructura de gobernanza del proyecto blockchain subyacente.

El análisis fundamental es especialmente valioso para los inversores a largo plazo. Proporciona un marco para evaluar las perspectivas a largo plazo y el valor potencial de las criptomonedas. Al evaluar los atributos fundamentales de un proyecto de criptomoneda, los inversores pueden determinar su potencial para alterar las industrias, obtener una adopción generalizada o abordar problemas del mundo real.

El sentimiento del mercado y los eventos noticiosos pueden afectar significativamente los precios de las criptomonedas. El análisis fundamental ayuda a los inversores a comprender el impacto de las noticias, los desarrollos regulatorios, las actualizaciones de proyectos y el sentimiento del mercado en el valor de las criptomonedas. Al evaluar los atributos fundamentales de una criptomoneda, los inversores pueden medir su resistencia a la volatilidad del mercado y a los factores externos.
La diferenciación entre las criptomonedas es crucial en el altamente competitivo mercado de las criptomonedas. El análisis fundamental permite a los inversores evaluar la tecnología subyacente, la propuesta de valor, la ventaja competitiva y la demanda del mercado de las criptomonedas. Ayuda a identificar las criptomonedas con fundamentos sólidos y potencial de crecimiento, separándolas de aquellas con fundamentos más débiles o valor especulativo.

Si bien el análisis fundamental proporciona información valiosa, tiene sus limitaciones. La falta de datos históricos para muchas criptomonedas hace que sea difícil evaluar su rendimiento a largo plazo en función de los indicadores fundamentales tradicionales. El panorama regulatorio en evolución que rodea a las criptomonedas agrega incertidumbre a sus perspectivas futuras. La volatilidad del mercado y la asimetría de la información son desafíos adicionales a los que se enfrentan los inversores al aplicar el análisis fundamental al mercado de criptomonedas.

El análisis fundamental es una potente herramienta para evaluar los activos financieros, incluidas las criptomonedas. Al analizar factores como los estados financieros, los indicadores económicos, las tendencias de la industria, la calidad de la gestión y la demanda del mercado, los inversores pueden tomar decisiones informadas basadas en el valor intrínseco de un activo. En el mercado de las criptomonedas, el análisis fundamental ayuda a evaluar la tecnología subyacente de los proyectos de blockchain, la tasa de adopción y la demanda potencial del mercado. Si bien el análisis fundamental tiene limitaciones, sigue siendo muy relevante para comprender las perspectivas y el valor a largo plazo de las criptomonedas.

Gestión de riesgos y asignación de capital

La gestión del riesgo y la asignación de capital son pilares esenciales del éxito de las estrategias de inversión y trading. En el ámbito de las finanzas, la capacidad de comprender, evaluar y gestionar eficazmente el riesgo mientras se asigna el capital de forma juiciosa es crucial para lograr los objetivos financieros a largo plazo. En esta sección se exploran los conceptos de gestión de riesgos y asignación de capital, su importancia en la toma de decisiones de inversión y su papel en la mitigación de pérdidas potenciales y la maximización de los rendimientos.

La gestión eficaz del riesgo es un aspecto fundamental de la inversión y el comercio. Implica el proceso de identificar, evaluar y mitigar los riesgos potenciales que podrían afectar negativamente a las carteras o posiciones. Al implementar estrategias y medidas para minimizar la probabilidad y la magnitud de las pérdidas potenciales, la gestión del riesgo forma un escudo protector para los inversores.

Identificar los diversos riesgos a los que pueden enfrentarse los traders e inversores es el primer paso en la gestión de riesgos. Estos riesgos abarcan el riesgo de mercado, el riesgo de crédito, el riesgo de liquidez, el riesgo operativo y el riesgo sistémico. Al comprender y reconocer estos riesgos, los inversores pueden tomar medidas proactivas para gestionarlos de forma eficaz.

El siguiente paso es la evaluación de riesgos, cuando los riesgos prospectivos se evalúan en términos de cómo afectarían a las posiciones de negociación o a las carteras de inversión. Esto implica analizar la probabilidad de ocurrencia, la magnitud de las pérdidas potenciales y la correlación entre diferentes riesgos. La evaluación de riesgos permite a los inversores priorizar y asignar recursos para gestionar los riesgos de forma eficaz. Las estrategias de mitigación de riesgos tienen como objetivo minimizar el impacto potencial de los riesgos identificados. Estas estrategias pueden implicar la diversificación, la cobertura, el establecimiento de órdenes de stop-loss, el uso de técnicas de dimensionamiento de posiciones y el empleo de herramientas de gestión de riesgos como trailing stops u opciones. Al implementar medidas adecuadas de mitigación de riesgos, los inversores pueden reducir la vulnerabilidad de sus carteras a condiciones adversas del mercado o eventos imprevistos.

Además, la gestión de riesgos es un proceso continuo que requiere un seguimiento y una revisión continuos. Los inversores deben evaluar periódicamente sus carteras, hacer un seguimiento de la evolución del mercado y reevaluar los perfiles de riesgo. Es posible que sea necesario realizar ajustes en las estrategias de gestión de riesgos en función de las condiciones cambiantes del mercado o de la evolución de los perfiles de riesgo.

La asignación de capital, por otro lado, se refiere a la distribución estratégica del capital de inversión entre diferentes clases de activos u oportunidades de inversión. Implica determinar la asignación óptima de recursos para maximizar los rendimientos teniendo en cuenta la tolerancia al riesgo y los objetivos de inversión.
La diversificación es un principio clave de la asignación de capital. Al distribuir el capital de inversión entre diferentes clases de activos, industrias, geografías y estrategias de inversión, los inversores pueden reducir el riesgo de concentración asociado con una sola inversión. La diversificación ayuda a mitigar las pérdidas si una inversión tiene un rendimiento inferior, ya que las ganancias de otras inversiones pueden compensar las pérdidas.

La asignación de capital implica equilibrar el riesgo y la rentabilidad. Los inversores deben evaluar su tolerancia al riesgo y sus objetivos de inversión para determinar la asignación adecuada de capital. Las inversiones de mayor riesgo pueden ofrecer la posibilidad de obtener mayores rendimientos, pero también conllevan una mayor probabilidad de pérdidas. Los inversores conservadores pueden preferir inversiones de menor riesgo con rendimientos potencialmente más bajos. La asignación de capital debe alinearse con las preferencias de riesgo individuales y los objetivos de inversión.

Las estrategias de asignación de activos desempeñan un papel vital en la asignación de capital. Implican la distribución del capital de inversión entre diferentes clases de activos, como bonos, acciones, efectivo, bienes raíces e inversiones alternativas. Las estrategias de asignación de activos, incluida la asignación de activos estratégica, táctica y dinámica, tienen como objetivo optimizar los rendimientos ajustados al riesgo en función de las condiciones del mercado, los horizontes de inversión y la tolerancia al riesgo.

El reequilibrio es otro aspecto importante de la asignación de capital. A medida que cambian las condiciones del mercado, la asignación de capital puede desviarse de la asignación objetivo. El reequilibrio implica ajustar periódicamente la cartera para devolverla a la asignación deseada. Este proceso ayuda a los inversores a mantener la exposición al riesgo deseada y aprovecha las oportunidades potenciales que surgen debido a las fluctuaciones del mercado.

La importancia de la gestión de riesgos y la asignación de capital radica en su capacidad para proteger las carteras, maximizar los rendimientos y mitigar las pérdidas potenciales. Una gestión eficaz del riesgo garantiza que se identifiquen y gestionen los riesgos potenciales, reduciendo la vulnerabilidad de las carteras a las condiciones adversas del mercado. La asignación de capital permite a los inversores optimizar los rendimientos ajustados al riesgo equilibrando el riesgo y la rentabilidad, diversificando las inversiones y adaptándose a las condiciones cambiantes del mercado.

La gestión del riesgo y la asignación de capital también ayudan a mitigar los sesgos emocionales que pueden afectar a las decisiones de inversión. Las emociones a menudo influyen en las decisiones de inversión, lo que lleva a un comportamiento irracional y resultados potencialmente dañinos. Sin embargo, los marcos de gestión de riesgos proporcionan un enfoque estructurado para la toma de decisiones, mientras que las estrategias de asignación de capital ofrecen un marco para la elección objetiva, reduciendo el impacto de los sesgos emocionales.

Además, la gestión del riesgo y la asignación de capital permiten a los inversores adaptarse a las condiciones cambiantes del mercado. Al monitorear regularmente los perfiles de riesgo y las carteras de inversión, los inversores pueden realizar los ajustes necesarios para gestionar los nuevos riesgos y aprovechar las oportunidades emergentes. La flexibilidad de la gestión de riesgos y la asignación de capital permite a los inversores navegar por entornos de mercado dinámicos de manera más eficaz.

La gestión del riesgo y la asignación de capital son componentes vitales del éxito de las estrategias de inversión y trading. La gestión eficaz del riesgo implica identificar, evaluar y mitigar los riesgos potenciales, mientras que la asignación de capital se centra en la distribución estratégica del capital de inversión para optimizar los rendimientos ajustados al riesgo. Al implementar juiciosamente prácticas sólidas de gestión de riesgos y asignar capital, los inversores pueden proteger sus carteras de las condiciones adversas del mercado, maximizar los rendimientos y alcanzar sus objetivos financieros a largo plazo.

CAPÍTULO III

Estrategias de Trading

Day trading: Técnicas y consejos

El day trading ha ganado popularidad como estrategia de trading que implica la compra y venta de instrumentos financieros en el mismo día. Los day traders buscan aprovechar la volatilidad intradía y los cambios de precios a corto plazo para obtener ganancias. Esta sección explora las técnicas y consejos que pueden ayudar a los day traders a navegar por el vertiginoso mundo del day trading, incluyendo la gestión de riesgos, el análisis técnico, las estrategias de trading y la mentalidad.

La gestión eficaz del riesgo es esencial para que los day traders protejan su capital y minimicen las posibles pérdidas. La rápida toma de decisiones y la rápida ejecución en el day trading hacen que la gestión del riesgo sea aún más crítica. Los aspectos clave de la gestión de riesgos para los day traders incluyen la asignación de capital, las órdenes de stop loss y la evaluación de la relación riesgo-recompensa. Al asignar una parte específica de su capital comercial a cada operación, establecer órdenes de stop loss y analizar las relaciones riesgo-recompensa, los day traders pueden proteger su capital y mantener una expectativa comercial positiva.
El análisis técnico desempeña un papel importante en el day trading, ya que ayuda a los traders a identificar patrones de precios a corto plazo, tendencias y posibles puntos de entrada y salida. Los gráficos de velas, los

niveles de soporte y resistencia, las medias móviles y los indicadores técnicos son herramientas de uso común en el análisis técnico. Los day traders pueden utilizar estas herramientas para analizar las tendencias del mercado y las fluctuaciones de precios para tomar decisiones de trading acertadas.

Los day traders emplean diferentes estrategias en función de sus preferencias, tolerancia al riesgo y condiciones del mercado. El trading de ruptura, el seguimiento de tendencias, el scalping y el trading de noticias son algunas de las estrategias de day trading más utilizadas. Estas estrategias permiten a los day traders capitalizar las diferentes condiciones del mercado y los movimientos de precios. Cada estrategia requiere habilidades específicas, técnicas de gestión de riesgos y conocimiento del mercado.

Tener la mentalidad y la disciplina adecuadas es crucial para que los day traders naveguen con éxito por los desafíos del day trading. La paciencia, la disciplina, la aceptación de riesgos, el aprendizaje continuo y el diario comercial son elementos esenciales para desarrollar la mentalidad correcta. Los day traders deben tener paciencia y disciplina para ceñirse a sus planes de trading y evitar decisiones impulsivas. Comprender y aceptar los riesgos asociados con el day trading es crucial para gestionar las emociones y tomar decisiones racionales. El aprendizaje continuo y mantenerse actualizado sobre las tendencias del mercado ayudan a los day traders a adaptarse a las condiciones cambiantes del mercado. Mantener un diario de operaciones permite la autorreflexión, el análisis y la mejora.

El day trading ofrece oportunidades para que los traders se beneficien de las fluctuaciones de precios a corto plazo. Mediante la implementación de técnicas efectivas de gestión de riesgos, la utilización de herramientas de análisis técnico, el empleo de estrategias comerciales adecuadas y el desarrollo de la mentalidad y la disciplina adecuadas, los day traders pueden aumentar sus posibilidades de éxito. Sin embargo, el day trading implica riesgos, y los traders deben evaluar cuidadosamente su tolerancia al riesgo y sus objetivos de trading antes de participar en este estilo de trading de ritmo rápido.

Swing trading: Estrategias para obtener ganancias a corto plazo

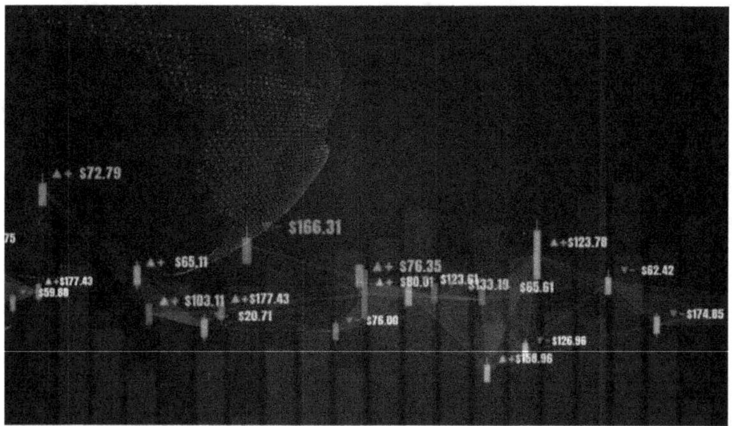

El swing trading se ha convertido en un estilo de trading popular que permite a los traders capitalizar los movimientos de precios a corto plazo dentro de una tendencia de mercado más amplia. Al identificar las oscilaciones o fluctuaciones de precios que se producen durante unos pocos días o varias semanas, los swing traders tienen como objetivo lograr ganancias a corto plazo. Esta sección explora las estrategias utilizadas por los swing traders para lograr sus objetivos, incluida la identificación de tendencias, el análisis técnico, la gestión de riesgos y la ejecución de operaciones.

El éxito del swing trading se basa en identificar y alinearse con la tendencia predominante del mercado. Los traders utilizan varias técnicas para identificar tendencias, como medias móviles, líneas de tendencia y patrones de precios. Las medias móviles ayudan a determinar la dirección y la fuerza de una tendencia, mientras que las líneas de tendencia representan visualmente la dirección de la tendencia en función de los mínimos más altos o los máximos más bajos. Los patrones de precios, como los triángulos ascendentes o descendentes, ofrecen una confirmación adicional de la tendencia, lo que ayuda a los traders a tomar decisiones informadas de entrada y salida.

El análisis técnico es una herramienta fundamental en el swing trading. Los traders utilizan indicadores técnicos y análisis para identificar los puntos óptimos de entrada y salida en función de los datos históricos de precios. Los niveles de soporte y resistencia desempeñan un papel crucial en la determinación de los posibles puntos de entrada y salida, ya que indican los niveles de precios en los que se espera que la presión de compra o venta sea significativa. Los osciladores e indicadores, como el índice de fuerza relativa (RSI) y los osciladores estocásticos, ayudan a identificar las condiciones de sobrecompra o sobreventa, lo que permite a los operadores evaluar posibles reversiones o continuaciones de la tendencia. El análisis del volumen también es importante en el swing trading, ya que un mayor volumen de trading durante los aumentos o disminuciones de precios indica una mayor participación en el mercado, lo que valida aún más las posibles oportunidades comerciales.

La gestión eficaz del riesgo es esencial para que los swing traders protejan su capital y gestionen las posibles pérdidas. El tamaño de la posición es una técnica crítica

de gestión de riesgos que ayuda a los traders a determinar el tamaño adecuado de cada operación en función de su tolerancia al riesgo y el riesgo potencial involucrado. El establecimiento de órdenes de stop loss es otra herramienta clave de gestión de riesgos, ya que especifica la pérdida máxima aceptable para una operación. Al colocar órdenes de stop loss basadas en el análisis técnico y la tolerancia al riesgo, los swing traders pueden limitar sus pérdidas potenciales y salvaguardar su capital. Los objetivos de beneficios también son cruciales
en la gestión de riesgos, ya que ayudan a los traders a asegurar las ganancias y a garantizar que se capturen las operaciones ganadoras, evitando al mismo tiempo la codicia excesiva.

La ejecución de operaciones es un aspecto crítico del swing trading que requiere una sincronización y un seguimiento cuidadosos. El objetivo de los traders es entrar en operaciones a niveles de precios óptimos, a menudo esperando retrocesos o rupturas dependiendo de la estrategia de trading elegida. El momento de salida es igualmente importante, ya que los swing traders deben capturar ganancias y administrar el riesgo de manera efectiva. Las órdenes de trailing stop y los objetivos de ganancias se usan comúnmente para asegurar ganancias al tiempo que permiten un potencial alcista si la tendencia continúa. La supervisión activa de las operaciones garantiza que las operaciones se sitúen según lo esperado, lo que permite a los operadores realizar los ajustes necesarios si cambian las condiciones del mercado o se producen acontecimientos inesperados. Después de cada operación, los traders revisan y analizan su rendimiento para identificar áreas de mejora, refinar sus estrategias y mejorar las decisiones de trading futuras.

El swing trading ofrece a los traders la oportunidad de generar ganancias a corto plazo aprovechando las oscilaciones de precios dentro de una tendencia de mercado más amplia. Mediante el empleo de estrategias como la identificación de tendencias, el análisis técnico, la gestión de riesgos y la ejecución eficaz de las operaciones, los swing traders pueden aumentar sus posibilidades de éxito. Sin embargo, es importante tener en cuenta que el swing trading implica riesgos, y los traders deben evaluar cuidadosamente su tolerancia al

riesgo y sus objetivos de trading antes de participar en este estilo de trading. Al desarrollar una comprensión integral de las técnicas de swing trading y perfeccionar continuamente sus habilidades, los traders pueden mejorar su potencial para obtener ganancias a corto plazo en el mercado.

Trading de posiciones: Maximización de la rentabilidad a largo plazo

El trading de posiciones es una estrategia que se centra en capturar las tendencias a largo plazo en los mercados financieros. A diferencia de los estilos de trading a corto plazo, los traders de posición mantienen sus posiciones durante períodos prolongados, que van desde semanas hasta meses o incluso años. El trading de posiciones tiene como objetivo maximizar la rentabilidad alineándose y capitalizando las tendencias del mercado a largo plazo. Esta sección explora las estrategias utilizadas por los traders de posición para lograr sus objetivos, incluida la identificación de tendencias, el análisis fundamental, la gestión de riesgos y la paciencia en la ejecución de operaciones.

El éxito en el trading de posiciones depende de la identificación y alineación con las tendencias del mercado a largo plazo. Los traders de posición emplean varias técnicas para identificar estas tendencias, incluyendo medias móviles, líneas de tendencia y patrones de precios. Las medias móviles ayudan a determinar la dirección y la fuerza de una tendencia, proporcionando información valiosa sobre el impulso del mercado. Los máximos más bajos de una tendencia bajista y los mínimos más altos de una tendencia alcista están

conectados por líneas de tendencia, que actúan como herramientas visuales. Los traders de posición pueden identificar posibles puntos de entrada y salida que significan la continuación o reversión de una tendencia a largo plazo mediante el análisis de patrones de precios, como triángulos ascendentes o descendentes.

Además del análisis técnico, los traders de posición a menudo incorporan el análisis fundamental en su proceso de toma de decisiones. El análisis fundamental implica evaluar el valor subyacente y la salud financiera de un activo. Los traders de posición tienen en cuenta los indicadores económicos, como el crecimiento del PIB, las tasas de inflación y los datos de empleo, para evaluar la salud general de la economía. Además, analizan los estados financieros de la empresa y las tendencias de la industria para identificar oportunidades de inversión a largo plazo. Los operadores de posición comprenden los patrones del mercado y realizan operaciones inteligentes combinando el análisis técnico y fundamental.

Uno de los aspectos más importantes del trading de posiciones es la gestión eficaz del riesgo, asegurando la preservación del capital y la gestión de posibles pérdidas. Los operadores de posición utilizan varias técnicas de gestión de riesgos, incluido el tamaño adecuado de la posición, las órdenes de stop loss y la diversificación. El tamaño de la posición implica determinar el tamaño apropiado de cada operación en función de la tolerancia al riesgo y el riesgo potencial involucrado. Esta técnica garantiza que ninguna operación tenga el potencial de afectar significativamente a la cartera general. Para reducir las posibles pérdidas, las órdenes de stop loss son cruciales. Los operadores de posición establecen niveles predeterminados en los que salir de una operación para proteger su capital de pérdidas excesivas. Al invertir en muchas clases de activos o industrias, la diversificación distribuye el riesgo y reduce el efecto de una sola inversión en la cartera en su conjunto.

La paciencia es un atributo clave para los traders de posición exitosos. Entienden que las tendencias a largo plazo tardan en desarrollarse y desarrollarse. Los traders de posición mantienen una perspectiva a largo plazo en lugar de dejarse llevar por las fluctuaciones del mercado a corto plazo o el ruido. Monitorean sus operaciones regularmente, pero los ajustes se basan en cambios significativos en la tendencia a largo plazo en lugar de la volatilidad del mercado a corto plazo. Apegarse al plan de trading original es crucial para maximizar la rentabilidad a largo plazo. Los traders de posición siguen siendo disciplinados, evitando la toma de decisiones impulsivas y adhiriéndose a su estrategia bien definida.

El trading de posiciones ofrece a los traders la oportunidad de capturar tendencias a largo plazo y maximizar la rentabilidad. Al emplear estrategias como la identificación de tendencias, el análisis fundamental, la gestión de riesgos y la paciencia en la ejecución de las operaciones, los operadores de posición se posicionan para beneficiarse de los movimientos prolongados del mercado. Es importante tener en cuenta que el trading exitoso de posiciones requiere una comprensión integral de las tendencias del mercado, los factores fundamentales y los principios de gestión de riesgos. Los traders deben evaluar cuidadosamente su tolerancia al riesgo y sus objetivos de inversión antes de participar en este estilo de trading. A través de un análisis diligente, una ejecución disciplinada y un enfoque paciente, los operadores de posición pueden aspirar a maximizar la rentabilidad a largo plazo.

Scalping: Beneficiarse de pequeños movimientos de precios

El objetivo del método de negociación conocido como "scalping" es capitalizar pequeños cambios en el precio en el mercado de valores. Los scalpers emplean un enfoque rápido, ejecutando numerosas operaciones a lo largo del día para acumular pequeñas ganancias. Esta sección explora las técnicas y consideraciones involucradas en el scalping, incluida la configuración de operaciones, las herramientas de análisis técnico, la gestión de riesgos y la ejecución de operaciones.

El scalping exitoso comienza con una configuración comercial bien definida. Los scalpers identifican condiciones específicas del mercado que ofrecen oportunidades de trading de alta probabilidad. Las configuraciones de trading más comunes utilizadas por los scalpers incluyen el trading de rango, el trading de ruptura y la capitalización de los comunicados de prensa. El trading de rango implica comprar cerca del soporte y vender cerca de la resistencia dentro de un mercado de rango limitado. El trading de ruptura se centra en entrar en operaciones cuando el precio sale de un rango o patrón gráfico, capitalizando el impulso inicial. Los scalpers también prestan mucha atención a los comunicados de prensa económicos y a los anuncios corporativos que pueden causar una volatilidad significativa en el mercado.

El análisis técnico es vital en el scalping, ya que proporciona información sobre los patrones y tendencias de precios a corto plazo. Los scalpers utilizan varias herramientas de análisis técnico para tomar decisiones de trading informadas. Los gráficos de velas ofrecen información valiosa sobre los movimientos de precios dentro de marcos de tiempo específicos, y los scalpers analizan patrones para identificar posibles reversiones o continuaciones. Los niveles de soporte y resistencia ayudan a determinar los puntos de entrada y salida, mientras que las medias móviles ayudan a identificar las tendencias a corto plazo. El análisis de volumen confirma las señales de trading y evalúa la fuerza de un movimiento de precios.

La gestión eficaz del riesgo es fundamental para que los scalpers protejan el capital y gestionen las posibles pérdidas. Los scalpers implementan técnicas de gestión de riesgos adaptadas a su estilo de trading acelerado. Las órdenes de stop loss ajustadas son esenciales para limitar las pérdidas potenciales, y la rápida toma de ganancias garantiza que las ganancias se aseguren antes de que el mercado se revierta. Los scalpers controlan cuidadosamente el tamaño de las operaciones para evitar la sobreexposición al mercado, manteniéndolos en proporción al tamaño de su cuenta.

La ejecución de operaciones es un aspecto clave del scalping, que requiere una ejecución rápida y precisa para capitalizar las oportunidades de precios de corta duración. Los scalpers confían en plataformas de trading de baja latencia con un rápido enrutamiento de órdenes y un deslizamiento mínimo. Emplean técnicas específicas, como órdenes limitadas para ingresar operaciones a niveles de precios específicos, órdenes de mercado para ejecución inmediata y órdenes de detención para salir de operaciones cuando se alcanzan niveles predeterminados. El monitoreo en tiempo real es crucial, lo que permite a los scalpers tomar decisiones rápidas basadas en el análisis técnico y ajustar las operaciones en consecuencia.

El objetivo del enfoque de trading conocido como "scalping" es obtener beneficios de pequeños cambios en el precio en el mercado financiero. Mediante el empleo de configuraciones comerciales efectivas, la utilización de herramientas de análisis técnico, la implementación de técnicas adecuadas de gestión de riesgos y la ejecución de operaciones con velocidad y precisión, los scalpers tienen como objetivo acumular pequeñas ganancias que pueden acumularse con el tiempo. Sin embargo, el scalping requiere experiencia, disciplina y la capacidad de tomar decisiones rápidas. Los traders deben evaluar cuidadosamente su tolerancia al riesgo y sus objetivos de trading antes de participar en este estilo de trading de ritmo rápido.

El trading algorítmico y sus beneficios

El trading algorítmico, también conocido como trading automatizado o sistemático, ha revolucionado los mercados financieros al utilizar algoritmos informáticos para ejecutar operaciones. Con su capacidad para procesar grandes cantidades de datos y ejecutar operaciones con velocidad y precisión, el trading algorítmico ofrece varios beneficios a los traders e inversores. Esta sección explora las ventajas del trading algorítmico, incluyendo el aumento de la velocidad y la eficiencia, la reducción de los errores humanos, la mejora de la gestión del riesgo, la mejora de la liquidez del mercado y el acceso a estrategias de trading sofisticadas.

Una de las principales ventajas del trading algorítmico es su capacidad para ejecutar operaciones a altas velocidades, superando las capacidades humanas. Los algoritmos pueden procesar grandes cantidades de datos, analizar las condiciones del mercado y ejecutar operaciones en fracciones de segundo. Esta ventaja de velocidad permite a los operadores algorítmicos capitalizar las oportunidades de mercado que pueden ser de corta duración, lo que resulta en una mayor rentabilidad. Además, el trading algorítmico reduce el lapso de tiempo entre las señales comerciales y la ejecución de la operación, minimizando el impacto de las fluctuaciones de precios durante la colocación de órdenes.

El trading algorítmico reduce significativamente el potencial de error humano en el proceso de trading. Emociones como el miedo y la codicia a menudo influyen en la toma de decisiones humanas, lo que lleva a resultados comerciales subóptimos. Los algoritmos, por otro lado, operan en base a reglas predefinidas y criterios objetivos. Ejecutan operaciones con consistencia, eliminando el impacto de los sesgos emocionales. Al eliminar el error humano, el trading algorítmico mejora la precisión y fiabilidad general de las estrategias de trading. El trading implica una importante gestión de riesgos, y el trading algorítmico ofrece varias ventajas en este ámbito. Los algoritmos se pueden programar para implementar automáticamente medidas de gestión de riesgos, como órdenes de stop-loss, objetivos de ganancias y reglas de tamaño de posiciones. Esto garantiza que las operaciones se gestionen de manera disciplinada, lo que reduce el potencial de pérdidas significativas. El trading algorítmico también permite el monitoreo en tiempo real de los parámetros de riesgo y los ajustes inmediatos, lo que permite a los traders responder rápidamente a las condiciones cambiantes del mercado.

El trading algorítmico ha desempeñado un papel importante en la mejora de la liquidez del mercado. El aumento del volumen de operaciones generado por las estrategias algorítmicas añade profundidad y liquidez a los mercados financieros. Los algoritmos buscan continuamente liquidez en diferentes centros de negociación, lo que garantiza una ejecución eficiente de las operaciones y reduce los diferenciales entre la oferta y la demanda. Como resultado, los participantes del mercado se benefician de un mejor descubrimiento de precios, una reducción de los costos de transacción y una mayor eficiencia general del mercado.

El trading algorítmico proporciona a los traders acceso a estrategias de trading sofisticadas que serían difíciles de implementar manualmente. Estas estrategias incluyen el arbitraje estadístico, el seguimiento de tendencias, la reversión a la media y el trading de alta frecuencia. Al aprovechar modelos matemáticos complejos y análisis avanzados, los algoritmos pueden identificar patrones, explotar las ineficiencias del mercado y ejecutar operaciones a niveles óptimos. El trading algorítmico abre oportunidades para que los traders implementen diversas estrategias y capitalicen una amplia gama de condiciones de mercado.

El trading algorítmico ofrece escalabilidad y consistencia, lo que permite a los traders manejar mayores volúmenes de trading y mantener la uniformidad en la ejecución de las operaciones. Como las estrategias algorítmicas se pueden ejecutar en varios valores simultáneamente, los operadores pueden administrar carteras más grandes de manera eficiente. La escalabilidad es particularmente valiosa para los inversores institucionales y los fondos de cobertura que se ocupan de volúmenes significativos de operaciones. Además, el trading algorítmico garantiza la ejecución coherente de las operaciones basadas en reglas predefinidas, eliminando la posibilidad de inconsistencias o sesgos humanos.

Otro beneficio del trading algorítmico es la capacidad de realizar backtest de estrategias de trading. Los datos históricos del mercado se pueden utilizar para evaluar el rendimiento de los algoritmos y ajustar las estrategias de negociación. El backtesting permite a los traders evaluar la rentabilidad y el perfil de riesgo de las estrategias en diversas condiciones de mercado, lo que facilita la optimización y el refinamiento. Al analizar sistemáticamente los datos pasados, los operadores pueden identificar estrategias que históricamente han mostrado un sólido rendimiento, lo que mejora la probabilidad de éxito en el comercio en vivo.
El trading algorítmico ha transformado los mercados financieros, ofreciendo multitud de beneficios a los traders e inversores. El aumento de la velocidad y la eficiencia del trading algorítmico permite a los traders capitalizar las oportunidades fugaces del mercado. Al reducir el error humano, el trading algorítmico mejora la precisión y fiabilidad de las estrategias de trading. Las medidas mejoradas de gestión de riesgos protegen el capital y minimizan las pérdidas. La liquidez proporcionada por el trading algorítmico mejora la eficiencia general del mercado. El acceso a sofisticadas estrategias de trading permite a los traders diversificarse y adaptarse a las diferentes condiciones del mercado. La escalabilidad y la coherencia garantizan una ejecución eficiente de las operaciones en grandes carteras. El backtesting y la optimización de la estrategia mejoran la

probabilidad de éxito en el trading en vivo. En general, el trading algorítmico proporciona ventajas significativas que empoderan a los traders y contribuyen al dinamismo de los mercados financieros modernos.

Desarrollo de una estrategia de trading personalizada

Desarrollar una estrategia de trading personalizada es crucial para los traders que buscan un éxito constante en los mercados financieros. Una estrategia bien definida proporciona un marco para tomar decisiones comerciales informadas, administrar el riesgo y maximizar la rentabilidad. Esta sección explora el proceso de desarrollo de una estrategia de trading personalizada, incluyendo la autoevaluación, el establecimiento de objetivos, el análisis de mercado, la selección de estrategias, la gestión de riesgos y la evaluación continua.

Antes de sumergirse en las complejidades del desarrollo de una estrategia de trading, los traders deben realizar primero una autoevaluación. Esto implica comprender las fortalezas y debilidades personales, la tolerancia al riesgo, el compromiso de tiempo y las preferencias comerciales. Los traders deben reflexionar sobre su apetito por el riesgo, su estilo de trading preferido (por ejemplo, day trading, swing trading) y el capital disponible. El autoconocimiento es crucial, ya que ayuda a alinear la estrategia de trading con las capacidades y objetivos individuales.

Los objetivos claros son esenciales para guiar el desarrollo de una estrategia de trading. Los traders deben establecer objetivos tanto a corto como a largo plazo. Los objetivos a corto plazo pueden incluir el logro de rendimientos mensuales constantes, mientras que los objetivos a largo plazo pueden implicar el crecimiento del capital o la independencia financiera. Los objetivos deben ser realistas, específicos y medibles, lo que permite a los traders realizar un seguimiento de su progreso y realizar los ajustes necesarios a lo largo del camino.

Las estrategias de trading efectivas se basan en una sólida comprensión del mercado. Los traders deben analizar y familiarizarse con los instrumentos con los que pretenden operar, como acciones, materias primas o criptomonedas. Deben estudiar los datos históricos de precios, las tendencias del mercado, los indicadores económicos y los eventos noticiosos que afectan al mercado elegido. Las herramientas de análisis técnico, como los patrones gráficos, los indicadores y los osciladores, pueden ayudar a identificar posibles puntos de entrada y salida.

Una vez que los traders entienden claramente sus capacidades y el mercado, pueden seleccionar una estrategia de trading que se alinee con sus objetivos y preferencias. Existen numerosas estrategias de trading, cada una con sus propias características e idoneidad para las diferentes condiciones del mercado. Las estrategias más comunes son el seguimiento de tendencias, el trading de ruptura, la reversión a la media y el trading de rango. Los traders deben elegir una estrategia que resuene con su tolerancia al riesgo, compromiso de tiempo y estilo de trading preferido.

Un componente crucial de toda estrategia de trading es la gestión del riesgo. Para salvaguardar sus fondos y reducir las pérdidas potenciales, los traders deben crear una estrategia exhaustiva de gestión de riesgos. Los componentes clave de la gestión de riesgos incluyen el dimensionamiento de las posiciones, el establecimiento de órdenes de stop-loss y la diversificación. El tamaño de la posición determina el tamaño apropiado de cada operación en función de la tolerancia al riesgo y el capital disponible. Las órdenes de stop-loss especifican la pérdida máxima aceptable para una operación, lo que garantiza que las pérdidas estén controladas. La diversificación en varias clases de activos o mercados ayuda a distribuir el riesgo y disminuye el efecto de una sola inversión en la cartera en su conjunto.

Una estrategia de trading no es estática, sino que requiere una evaluación y mejora continuas. Los traders deben revisar regularmente sus operaciones, métricas de rendimiento y condiciones del mercado para identificar fortalezas y debilidades. Esta autoevaluación ayuda a refinar la estrategia de trading y a adaptarse a la dinámica cambiante del mercado. Los traders pueden explorar educación adicional, buscar mentoría o participar en comunidades de trading para mejorar sus habilidades y conocimientos.

La disciplina y el control emocional son fundamentales para operar con éxito. Los traders deben adherirse a su estrategia de trading, seguir reglas predeterminadas y evitar la toma de decisiones impulsivas basadas en las emociones. El trading impulsado por las emociones a menudo conduce a malas decisiones y resultados inconsistentes. Al mantener la disciplina y el control emocional, los operadores aumentan la probabilidad de ejecutar operaciones de acuerdo con las pautas de la estrategia.

Desarrollar una estrategia de trading personalizada es crucial para los traders que buscan un éxito constante en los mercados financieros. Implica la autoevaluación, el establecimiento de objetivos, el análisis de mercado, la selección de estrategias, la gestión de riesgos y la evaluación continua. Al comprender las capacidades personales, establecer objetivos claros, analizar las

condiciones del mercado, seleccionar una estrategia adecuada, implementar una gestión de riesgos efectiva y adoptar la disciplina, los traders pueden aumentar sus posibilidades de lograr sus objetivos comerciales. Es importante tener en cuenta que las estrategias de trading deben evaluarse, refinarse y adaptarse continuamente a la evolución de las condiciones del mercado. Con dedicación, perseverancia y aprendizaje continuo, los traders pueden desarrollar estrategias de trading personalizadas que se alineen con sus objetivos y allanen
el camino para el éxito a largo plazo.

CAPÍTULO IV

Herramientas de análisis técnico

Introducción a los patrones de gráficos

Los patrones gráficos son representaciones visuales de los movimientos históricos de precios que se producen en varios marcos temporales, como gráficos diarios, semanales o intradiarios. Sirven como herramientas importantes en el análisis técnico, ayudando a los traders a identificar posibles oportunidades de trading y a tomar decisiones informadas. Esta sección presenta los patrones de gráficos, explorando sus tipos, características e importancia en las decisiones de trading.

Los patrones gráficos proporcionan a los traders representaciones visuales de los movimientos históricos de los precios. Se forman como resultado de las decisiones colectivas de compra y venta de los participantes en el mercado. Al estudiar estos patrones, los traders pueden obtener información sobre las posibles tendencias futuras del mercado e identificar los niveles clave de soporte y resistencia. Los patrones gráficos sirven como herramientas valiosas para el análisis técnico y ayudan a tomar decisiones comerciales informadas. Los patrones gráficos se pueden clasificar en dos categorías principales: patrones de continuación y patrones de reversión.

Los patrones de continuación indican una pausa temporal en una tendencia en curso antes de que el precio continúe en la misma dirección. Algunos patrones de continuación comunes incluyen banderas y banderines, triángulos simétricos, triángulos ascendentes y triángulos descendentes. Estos patrones proporcionan información sobre la consolidación potencial del mercado y sugieren que es probable que la tendencia continúe después de la formación del patrón.

Los patrones de reversión señalan un posible cambio en la tendencia predominante. Los traders buscan estos patrones para identificar posibles puntos de entrada o salida. Ejemplos de patrones de inversión incluyen cabeza y hombros, doble techo y doble fondo, y triple techo y triple fondo. Los patrones de reversión proporcionan indicaciones tempranas de un posible cambio de tendencia y ofrecen a los traders oportunidades para capitalizar la reversión.

Los patrones gráficos son herramientas importantes en la toma de decisiones comerciales. Al reconocer los patrones gráficos y comprender sus implicaciones, los traders pueden tomar decisiones más informadas. Algunos factores clave a tener en cuenta al utilizar patrones gráficos son la confirmación, los plazos y los objetivos de precios.

Los operadores a menudo esperan la confirmación antes de ejecutar una operación basada en un patrón gráfico. La confirmación puede implicar indicadores técnicos adicionales, análisis de volumen o patrones de velas. Esta validación adicional aumenta la probabilidad de una operación exitosa y reduce el riesgo de rupturas falsas o patrones fallidos.

La importancia de los patrones gráficos puede variar según el período de tiempo que se esté analizando. Los traders deben tener en cuenta el contexto y el marco temporal en el que se forma el patrón para garantizar su relevancia y precisión. Los patrones observados en períodos de tiempo más cortos pueden tener implicaciones diferentes a las observadas en períodos más largos.

Los patrones gráficos también pueden proporcionar proyecciones de precios objetivo. Los traders pueden medir la distancia desde el nivel de ruptura del patrón para estimar el movimiento potencial del precio una vez que el patrón se confirme. Esta información ayuda a establecer objetivos de beneficios y a gestionar las relaciones riesgo-recompensa.

Si bien los patrones gráficos ofrecen información valiosa, es importante reconocer sus limitaciones. Las condiciones del mercado pueden ser impredecibles y los patrones gráficos no garantizan futuros movimientos de precios. Los traders deben tener en cuenta otros factores, como el análisis fundamental y el sentimiento del mercado, para complementar el análisis de patrones gráficos. Además, es crucial actuar con cautela y evitar la dependencia excesiva de los patrones sin tener en cuenta el contexto más amplio del mercado.

Los patrones gráficos sirven como herramientas importantes en el análisis técnico, proporcionando a los traders representaciones visuales de los movimientos históricos de los precios. Ayudan a identificar posibles oportunidades de trading, niveles clave de soporte y resistencia, cambios de tendencia y patrones de continuación. Comprender las características y el significado de varios patrones gráficos permite a los operadores tomar decisiones comerciales más informadas y administrar el riesgo de manera efectiva. Sin embargo, es esencial reconocer las limitaciones de los patrones gráficos y considerar otros factores junto con el análisis de patrones. Con un estudio y una práctica diligentes, los traders pueden aprovechar el poder de los patrones gráficos como herramientas valiosas en su arsenal de trading.

Análisis y patrones de velas

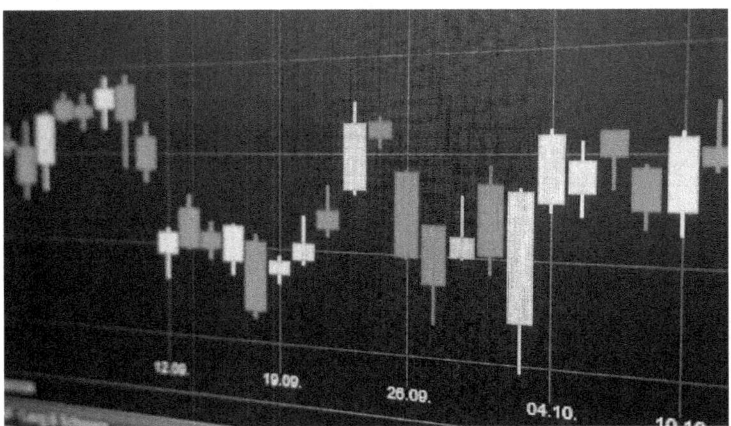

El análisis de velas es un método popular utilizado en el análisis técnico para estudiar los movimientos de precios y tomar decisiones comerciales informadas. Desarrollados en Japón hace siglos, los gráficos de velas proporcionan información valiosa sobre el sentimiento del mercado y la acción del precio. Esta sección proporciona una introducción al análisis de velas, explorando la construcción de gráficos de velas, la interpretación de los patrones de velas y su importancia en las decisiones de trading.

Los gráficos de velas ofrecen una representación visual de los movimientos de precios durante un período de tiempo específico. Cada vela en el gráfico representa un marco de tiempo específico, como un día o una hora. Los cuatro puntos clave del precio (apertura, cierre, máximo y mínimo) se representan a través del cuerpo y las mechas de la vela. El cuerpo representa el rango de precios entre la apertura y el cierre, mientras que las mechas por encima y por debajo del cuerpo indican los precios máximos y mínimos alcanzados durante el período de tiempo.

Los patrones de velas proporcionan información sobre el sentimiento del mercado y las posibles reversiones o continuaciones de precios. Los traders analizan la forma, el tamaño y el posicionamiento de las velas para tomar decisiones de trading informadas. Algunos patrones de velas comunes incluyen:

Los patrones alcistas sugieren un posible movimiento alcista del precio y un sentimiento alcista en el mercado. Algunos ejemplos de patrones alcistas son el martillo, la envolvente alcista y la estrella de la mañana. Estos patrones indican una posible reversión de una tendencia bajista a una tendencia alcista o la continuación de una tendencia alcista existente.

Los patrones bajistas indican un posible movimiento de precios a la baja y un sentimiento bajista en el mercado. Algunos ejemplos de patrones bajistas son la estrella fugaz, la envolvente bajista y la estrella vespertina. Estos patrones sugieren una posible reversión de una tendencia alcista a una tendencia bajista o la continuación de una tendencia bajista existente.

Los patrones de velas ofrecen información valiosa sobre el sentimiento del mercado y las posibles reversiones o continuaciones de precios. Los traders utilizan estos patrones para tomar decisiones de trading informadas y gestionar el riesgo de forma eficaz. Las consideraciones clave al usar patrones de velas incluyen la confirmación, los marcos de tiempo y la combinación con otras herramientas.

Los traders a menudo esperan la confirmación antes de actuar sobre un patrón de velas. La confirmación puede implicar indicadores técnicos adicionales, análisis de tendencias o análisis de volumen para validar la validez del patrón y aumentar la probabilidad de una operación exitosa.

Diferentes marcos de tiempo pueden producir diferentes patrones de velas. Los traders deben tener en cuenta el contexto y el marco temporal en el que se forma el patrón para garantizar su relevancia y precisión. Los patrones observados en períodos de tiempo más cortos pueden tener implicaciones diferentes a las observadas en períodos más largos.

El análisis de velas a menudo se combina con otras herramientas de análisis técnico e indicadores para mejorar las decisiones comerciales. Los traders pueden utilizar medias móviles, líneas de tendencia u osciladores para validar los patrones de velas e identificar posibles puntos de entrada o salida.

Si bien los patrones de velas ofrecen información valiosa, es importante reconocer sus limitaciones. Las condiciones del mercado pueden ser impredecibles y los patrones de velas no garantizan futuros movimientos de precios. Los traders deben tener en cuenta otros factores, como el análisis fundamental y el sentimiento del mercado, para complementar el análisis de velas. Además, es crucial actuar con cautela y evitar la dependencia excesiva de los patrones sin tener en cuenta el contexto más amplio del mercado.

El análisis de velas es una poderosa herramienta en el análisis técnico, que proporciona a los traders información valiosa sobre el sentimiento del mercado y las posibles reversiones o continuaciones de precios. Al comprender la construcción de los gráficos de velas y la interpretación de los patrones de velas, los traders pueden tomar decisiones de trading más informadas. El análisis de velas a menudo se combina con otras herramientas de análisis técnico para mejorar las estrategias comerciales. Al utilizar patrones de velas, es importante tener en cuenta la confirmación, los marcos temporales y el contexto más amplio del mercado. Si bien los patrones de velas ofrecen información valiosa, los traders siempre deben tener cuidado y considerar otros factores para tomar decisiones comerciales completas. Con un estudio y una práctica diligentes, los traders pueden aprovechar el poder del análisis de velas como una herramienta valiosa en su arsenal de trading.

Líneas de tendencia, niveles de soporte y resistencia

Las líneas de tendencia, los niveles de soporte y resistencia son herramientas esenciales en el análisis técnico utilizadas por los traders para identificar tendencias, determinar posibles puntos de entrada y salida y tomar decisiones de trading informadas. Estos conceptos ayudan a los traders a comprender la dinámica subyacente de los movimientos de precios y proporcionan información valiosa sobre el sentimiento del mercado. Esta sección explora la importancia de las líneas de tendencia, los niveles de soporte y resistencia en el análisis de los gráficos de precios y sus aplicaciones prácticas en las decisiones de trading.

Las líneas de tendencia son líneas diagonales dibujadas en los gráficos de precios para representar la dirección y la fuerza de una tendencia. Conectan mínimos consecutivos más altos en una tendencia alcista o máximos consecutivos más bajos en una tendencia bajista. Las líneas de tendencia proporcionan a los traders señales visuales para identificar la tendencia predominante del mercado y los posibles cambios de tendencia.

Una línea de tendencia alcista se dibuja conectando dos o más mínimos consecutivos más altos. Actúa como un nivel de soporte, lo que indica que los compradores tienen el control y empujan el precio al alza. La tendencia alcista se considera intacta siempre que el precio permanezca por encima de la línea de tendencia alcista. Los traders a menudo buscan oportunidades para comprar cerca de la línea de tendencia alcista, anticipando una continuación del movimiento alcista del precio.

Una línea de tendencia bajista se dibuja conectando dos o más máximos inferiores consecutivos. Actúa como un nivel de resistencia, lo que indica que los vendedores son dominantes y empujan el precio a la baja. La tendencia bajista se considera intacta siempre que el precio permanezca por debajo de la línea de tendencia bajista. Los traders pueden buscar oportunidades para vender o vender en corto cerca de la línea de tendencia bajista, esperando una continuación del movimiento de precios a la baja.

Las líneas horizontales dibujadas en los gráficos de precios que representan los niveles de precios en los que se espera que la presión de compra o venta sea significativa se conocen como niveles de soporte y resistencia. Estos niveles se forman en función de la acción histórica del precio y desempeñan un papel crucial en la identificación de posibles puntos de inflexión y reversiones de precios.

Los niveles de soporte son niveles de precios en los que la presión de compra supera a la presión de venta, lo que hace que el precio invierta la dirección y suba. Actúan como un suelo, evitando que el precio siga cayendo. Los traders a menudo buscan oportunidades de compra cerca de los niveles de soporte, anticipando un rebote o un posible cambio de tendencia. Una vez que se rompe un nivel de soporte, puede actuar como un nivel de resistencia en el futuro.

Los niveles de resistencia son niveles de precios en los que la presión de venta supera a la presión de compra, lo que impide que el precio suba. Actúan como un techo, limitando un mayor movimiento alcista de los precios. Los traders pueden considerar vender o vender en corto cerca de los niveles de resistencia, anticipando una reversión del precio o una pausa temporal en la tendencia alcista. Una vez que se rompe un nivel de resistencia, puede actuar como un nivel de soporte en el futuro.

Las líneas de tendencia, los niveles de soporte y resistencia tienen aplicaciones prácticas en las decisiones de trading, incluida la identificación de tendencias, la determinación de puntos de entrada y salida y la gestión del riesgo.

Las líneas de tendencia ayudan a los traders a identificar la tendencia predominante del mercado. Al conectar los mínimos más altos en una tendencia alcista o los máximos más bajos en una tendencia bajista, los traders pueden evaluar visualmente la dirección y la fuerza de la tendencia. Esta información permite a los traders alinear sus estrategias de trading con la tendencia subyacente, lo que aumenta la probabilidad de operaciones exitosas. Los niveles de soporte y resistencia ayudan a los traders a determinar los posibles puntos de entrada y salida. Los traders pueden entrar en una operación cerca de un nivel de soporte con un precio objetivo cerca de un nivel de resistencia, anticipando un rebote del precio. Por el contrario, los traders pueden considerar salir de una operación cerca de un nivel de resistencia o si se rompe un nivel de soporte, minimizando las pérdidas potenciales. Al combinar las líneas de tendencia con los niveles de soporte y resistencia, los traders pueden refinar sus estrategias de entrada y salida.

Las líneas de tendencia, los niveles de soporte y resistencia son herramientas valiosas para gestionar el riesgo. Los traders pueden colocar órdenes de stop-loss por debajo de los niveles de soporte o por encima de los niveles de resistencia para limitar las pérdidas potenciales si el precio se mueve en contra de su posición. Al definir los niveles de riesgo en función de estos niveles clave, los traders pueden gestionar su relación riesgo-recompensa de forma eficaz y mantener la disciplina en sus estrategias de trading.

Si bien las líneas de tendencia, los niveles de soporte y resistencia son herramientas valiosas, tienen limitaciones y deben utilizarse junto con otras herramientas e indicadores de análisis técnico. Las condiciones del mercado pueden ser impredecibles y los movimientos de precios pueden desviarse de los patrones históricos. Los traders deben tener en cuenta las noticias del mercado, el análisis fundamental y el sentimiento del mercado, para complementar su análisis técnico.

Las líneas de tendencia, los niveles de soporte y resistencia son herramientas esenciales en el análisis técnico, ya que proporcionan información valiosa sobre las tendencias del mercado, los posibles puntos de entrada y salida y la gestión de riesgos. Al trazar líneas de tendencia e identificar los niveles de soporte y resistencia, los traders pueden obtener una comprensión más profunda de los movimientos de precios y tomar decisiones comerciales más informadas. Es importante recordar que estas herramientas deben utilizarse junto con otras herramientas de análisis técnico y tener en cuenta la dinámica del mercado y los eventos noticiosos. Con una práctica diligente y un aprendizaje continuo, los traders pueden utilizar eficazmente las líneas de tendencia, los niveles de soporte y resistencia para mejorar sus estrategias de trading y aumentar la probabilidad de operaciones exitosas.

Indicadores y osciladores para el análisis de mercado

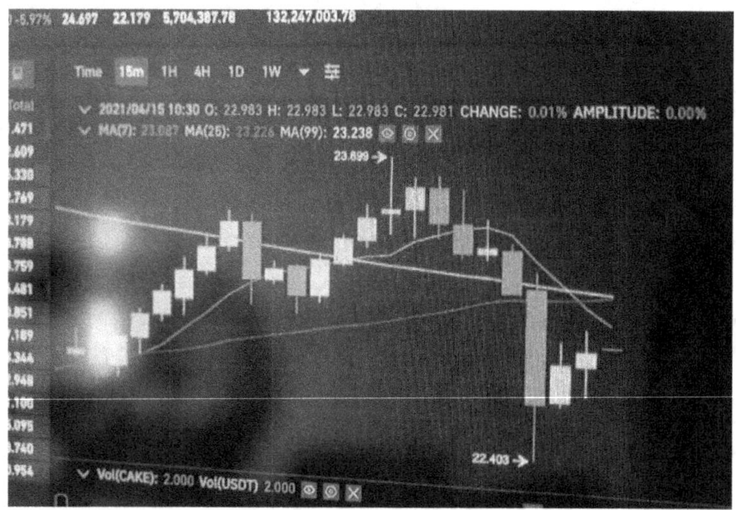

Los indicadores y osciladores son herramientas valiosas en el análisis técnico, ya que proporcionan a los operadores información sobre las tendencias del mercado, el impulso y los posibles puntos de entrada y salida. Estas herramientas ayudan a los traders a analizar los datos de precios, identificar patrones y tomar decisiones de trading informadas. Esta sección explora la importancia de los indicadores y osciladores en el análisis de mercado, sus tipos y aplicaciones prácticas en las decisiones comerciales.

Los indicadores y osciladores son cálculos matemáticos basados en datos de precios y volúmenes. Transforman los datos sin procesar en representaciones visuales, lo que facilita a los operadores la interpretación de las tendencias del mercado y la detección de posibles oportunidades de negociación. Los indicadores suelen trazarse en los gráficos de precios, mientras que los osciladores se muestran en una ventana separada debajo del gráfico de precios.

Numerosos indicadores y osciladores están disponibles para los operadores, cada uno con sus propias características y aplicaciones. Algunos de los más utilizados son:

Los indicadores de seguimiento de tendencias ayudan a los traders a identificar la dirección y la fuerza de una tendencia. Las medias móviles, como la media móvil simple (SMA) o la media móvil exponencial (EMA), suavizan las fluctuaciones de precios y representan visualmente el precio medio durante un periodo determinado. Los cruces de medias móviles se utilizan como señales de entrada o salida, en las que las medias móviles a corto plazo cruzan por encima o por debajo de las medias móviles a largo plazo.

Los indicadores de impulso miden la velocidad y la fuerza de los movimientos de precios, lo que ayuda a los traders a identificar las condiciones de sobrecompra y sobreventa. Un oscilador de impulso popular que compara la magnitud de las ganancias y pérdidas recientes para determinar si un activo está sobrecomprado o sobrevendido se conoce como Índice de Fuerza Relativa (RSI). Los traders pueden buscar divergencias entre el RSI y el movimiento del precio, lo que puede indicar posibles cambios de tendencia.

Los indicadores de volatilidad ayudan a los traders a medir la volatilidad del mercado, que es esencial para la gestión del riesgo y el dimensionamiento de las posiciones. El Average True Range (ATR) mide el rango medio entre los precios máximos y mínimos durante un periodo determinado, proporcionando información sobre la volatilidad de un activo. Las Bandas de Bollinger, que consisten en una banda superior, una banda inferior y una banda media basada en una media móvil, se expanden y contraen en función de la volatilidad del mercado.

Los indicadores de volumen analizan el volumen de operaciones, proporcionando información sobre la fuerza de los movimientos de precios. Con el fin de ayudar a los traders a localizar áreas con trading activo, la fórmula del Precio Promedio Ponderado por Volumen (VWAP) determina el precio promedio de un activo en función tanto del volumen como del precio. El volumen en balance (OBV) compara el volumen con los cambios de precios, indicando si el volumen entra o sale de un activo.

Los indicadores y osciladores tienen aplicaciones prácticas en las decisiones comerciales, incluida la identificación de tendencias, la confirmación de señales y el análisis de divergencias.
Los indicadores de seguimiento de tendencias ayudan a los traders a identificar la tendencia predominante del mercado. Las medias móviles y las líneas de tendencia se utilizan a menudo para confirmar la dirección de la tendencia. Los operadores pueden introducir operaciones en la dirección de la tendencia o utilizar la identificación de la tendencia como filtro para evitar las operaciones en contra de la tendencia.
Los indicadores y osciladores se pueden utilizar para confirmar las señales de trading generadas por otras

herramientas o estrategias. Por ejemplo, los traders pueden buscar la confirmación de los osciladores de impulso o de los indicadores de volumen antes de tomar medidas si un patrón gráfico sugiere un posible cambio de tendencia. La confirmación aumenta la probabilidad de una operación exitosa.

La divergencia se produce cuando un indicador u oscilador no está de acuerdo con el movimiento del precio. La divergencia alcista ocurre cuando un indicador hace mínimos más altos mientras que el precio hace mínimos más bajos, lo que indica una posible reversión alcista. Por el contrario, la divergencia bajista se produce cuando un indicador alcanza máximos más bajos mientras que el precio alcanza máximos más altos, lo que sugiere una posible reversión bajista. Los traders utilizan el análisis de divergencia para identificar posibles cambios de tendencia o debilidades de tendencia.

Si bien los indicadores y osciladores proporcionan información valiosa, es importante reconocer sus limitaciones. Las condiciones del mercado pueden ser impredecibles y los indicadores pueden generar señales falsas o retrasarse con respecto a los movimientos de precios. Los traders también deben tener en cuenta las noticias del mercado, el análisis fundamental y el sentimiento del mercado, para complementar su análisis técnico. Además, es crucial seleccionar indicadores que se alineen con el estilo de negociación, el marco temporal y la tolerancia al riesgo del trader.

Los indicadores y osciladores son herramientas esenciales en el análisis de mercado, ya que proporcionan a los operadores información sobre las tendencias del mercado, el impulso y las posibles oportunidades de negociación. Al utilizar varios tipos de indicadores y osciladores, los operadores pueden identificar tendencias, confirmar señales y analizar la divergencia. Estas herramientas mejoran la capacidad de los traders para tomar decisiones de trading informadas y gestionar el riesgo de forma eficaz. Es importante reconocer las limitaciones de los indicadores y osciladores y considerar otros factores junto con el análisis técnico. Con un estudio y una práctica diligentes, los traders pueden aprovechar el poder de los indicadores y osciladores como herramientas valiosas en su arsenal de trading.

Niveles de retroceso y extensión de Fibonacci

Los niveles de retroceso y extensión de Fibonacci son potentes herramientas de análisis técnico utilizadas por los traders para identificar posibles niveles de soporte y resistencia, determinar objetivos de precios y tomar decisiones de trading informadas. Basados en la secuencia matemática de Fibonacci, estos niveles proporcionan a los traders información valiosa sobre posibles reversiones, retrocesos y extensiones de precios. Esta sección explora la importancia de los niveles de retroceso y extensión de Fibonacci, sus aplicaciones en el análisis de gráficos de precios y su uso práctico en las decisiones comerciales.

Los niveles de retroceso de Fibonacci son líneas horizontales dibujadas en un gráfico de precios para indicar posibles niveles de soporte o resistencia durante una corrección o retroceso de precios. Los niveles son de la secuencia de Fibonacci, un conjunto de números donde cada uno es igual al total de los dos que le precedieron. Los niveles de retroceso de Fibonacci más utilizados son 38,2%, 50% y 61,8%. Estos niveles se obtienen dividiendo un número en la secuencia de Fibonacci por el número que le sigue. Por ejemplo, dividir 8 entre 21 da un nivel de retroceso de aproximadamente el 38,2%. Del mismo modo, dividir 13 por 21 da un nivel de retroceso de aproximadamente el 61,8%.

Los niveles de retroceso de Fibonacci ayudan a los traders a identificar posibles niveles de soporte y resistencia en los que pueden producirse correcciones o retrocesos de precios dentro de una tendencia existente. Los traders buscan que el precio retroceda o retroceda a estos niveles antes de reanudar potencialmente la tendencia. El nivel de retroceso del 50%, aunque no forma parte de la secuencia de Fibonacci, también es significativo, ya que representa un punto intermedio entre el máximo y el mínimo de un movimiento de precios.

Los niveles de extensión de Fibonacci se utilizan para proyectar posibles objetivos de precios más allá del movimiento inicial del precio. Estos niveles ayudan a los traders a identificar áreas en las que el precio puede encontrar resistencia o soporte durante una extensión o continuación de una tendencia.

Los niveles de extensión de Fibonacci más utilizados son 61,8%, 100%, 161,8% y 261,8%. Estos niveles se obtienen extendiendo la secuencia de Fibonacci más allá del movimiento inicial del precio. Por ejemplo, multiplicando el movimiento inicial del precio por 1,618 se obtiene un nivel de extensión de aproximadamente el 161,8%. Del mismo modo, multiplicando el movimiento inicial del precio por 2,618 se obtiene un nivel de extensión de aproximadamente el 261,8%.

Los niveles de extensión de Fibonacci ayudan a los traders a identificar posibles objetivos de precios o áreas de interés donde el precio puede encontrar resistencia o soporte durante una extensión de tendencia. Estos niveles se pueden utilizar para indicar posibles áreas de cambio de tendencia o para establecer objetivos de ganancias.

Los niveles de retroceso y extensión de Fibonacci tienen aplicaciones prácticas en las decisiones comerciales, incluida la identificación de posibles niveles de soporte y resistencia, el establecimiento de objetivos de ganancias y la confirmación de otras herramientas de análisis técnico.

Los niveles de retroceso de Fibonacci actúan como niveles potenciales de soporte y resistencia donde pueden ocurrir correcciones o retrocesos de precios. Los traders a menudo buscan que el precio rebote en estos niveles antes de reanudar potencialmente la tendencia. Al combinar los niveles de retroceso de Fibonacci con otras herramientas de análisis técnico, como las líneas de tendencia o las medias móviles, los traders pueden identificar áreas de confluencia y aumentar la probabilidad de operaciones exitosas.

Los niveles de extensión de Fibonacci ayudan a los traders a establecer objetivos de ganancias o determinar áreas de interés donde una extensión de tendencia puede encontrar resistencia o soporte. Al proyectar objetivos de precios potenciales más allá del movimiento inicial de precios, los operadores pueden administrar sus operaciones de manera más efectiva y establecer objetivos de ganancias realistas basados en los niveles de extensión.

Los niveles de retroceso y extensión de Fibonacci se pueden utilizar para confirmar otras herramientas de análisis técnico. Por ejemplo, si una línea de tendencia o un patrón gráfico indica una posible reversión o ruptura, los traders pueden buscar la confluencia con los niveles de Fibonacci para fortalecer sus decisiones de trading.

Cuando varias herramientas e indicadores apuntan a la misma área, aumenta la probabilidad de una operación exitosa.

Si bien los niveles de retroceso y extensión de Fibonacci ofrecen información valiosa, es esencial reconocer sus limitaciones. Las condiciones del mercado pueden ser impredecibles y los movimientos de precios pueden desviarse de los niveles de Fibonacci. Los traders deben tener en cuenta otros factores, como las noticias del mercado, el análisis fundamental y el sentimiento del mercado, para complementar su análisis técnico. Además, el uso de los niveles de Fibonacci junto con otras herramientas e indicadores de análisis técnico es crucial para un análisis más completo.

Los niveles de retroceso y extensión de Fibonacci son potentes herramientas en el análisis técnico, ya que proporcionan a los traders información valiosa sobre los posibles niveles de soporte y resistencia, los objetivos de precios y las decisiones de trading. Al utilizar estos niveles, los operadores pueden identificar áreas de interés, establecer objetivos de ganancias y confirmar otras herramientas de análisis técnico. Es esencial reconocer las limitaciones de los niveles de Fibonacci y considerar otros factores junto con el análisis técnico. Con un estudio y una práctica diligentes, los traders pueden utilizar eficazmente los niveles de retroceso y extensión de Fibonacci como herramientas valiosas en su arsenal de trading.

CAPÍTULO V

Análisis fundamental y sentimiento del mercado

Indicadores económicos y su impacto

Los indicadores económicos desempeñan un papel importante en los mercados financieros, ya que proporcionan información sobre la salud y el rendimiento de las economías. Comprender y monitorear los indicadores económicos en el comercio de criptomonedas es crucial para tomar decisiones comerciales informadas. Esta sección explora la importancia de los indicadores económicos, su impacto en los mercados de criptomonedas y su aplicación práctica en las decisiones comerciales.

Los indicadores económicos son datos estadísticos que reflejan diversos aspectos de una economía. Proporcionan información sobre la actividad económica, como el empleo, la inflación, los tipos de interés, el crecimiento del PIB y la confianza de los consumidores. Estos indicadores son publicados por los gobiernos, los bancos centrales y otras organizaciones a intervalos regulares, como mensuales, trimestrales o anuales.

Los indicadores económicos tienen un impacto directo e indirecto en los mercados de criptomonedas. Comprender cómo estos indicadores influyen en el sentimiento del mercado y el comportamiento de los inversores es esencial para los traders de criptomonedas.

Los indicadores económicos positivos, como el fuerte crecimiento del PIB, las bajas tasas de desempleo o el aumento de la confianza de los consumidores, generalmente impulsan el sentimiento del mercado. Este sentimiento positivo puede aumentar la demanda de criptomonedas a medida que los inversores buscan oportunidades de inversión alternativas o se cubren contra los activos tradicionales. Por otro lado, los indicadores económicos negativos pueden desencadenar una huida hacia la seguridad, con los inversores potencialmente vendiendo criptomonedas en favor de activos más estables.

Los bancos centrales son cruciales a la hora de dar forma a la política monetaria y fijar los tipos de interés en función de los indicadores económicos. Las tasas de interés y las decisiones de política monetaria pueden afectar a los mercados de criptomonedas de varias maneras. Por ejemplo, si un banco central sube los tipos de interés para controlar la inflación, puede atraer a inversores que buscan mayores rendimientos, lo que podría alejar el capital de las criptomonedas. Bajar las tasas de interés para estimular el crecimiento económico puede aumentar la liquidez del mercado, lo que podría beneficiar a las criptomonedas.

Los indicadores económicos relacionados con la inflación, como el Índice de Precios al Consumidor (IPC) o el Índice de Precios al Productor (IPP), pueden afectar el valor de las criptomonedas. La inflación destruye el poder adquisitivo de las monedas fiduciarias y puede llevar a los inversores hacia activos alternativos como las criptomonedas, que pueden percibirse como resistentes a la inflación o de reserva de valor. Además, los indicadores económicos relacionados con la devaluación de la moneda o la hiperinflación en ciertos países pueden impulsar una mayor adopción de las criptomonedas como medio alternativo de intercambio y almacenamiento de riqueza. Los indicadores económicos proporcionan información valiosa para los comerciantes de criptomonedas, lo que ayuda a analizar las tendencias del mercado, identificar oportunidades comerciales y administrar el riesgo. Los traders de criptomonedas utilizan indicadores económicos para analizar las tendencias del mercado y evaluar la dirección potencial de los precios. Al monitorear los indicadores económicos clave, los traders pueden comprender mejor el entorno económico general y su impacto potencial en las criptomonedas. Esta información ayuda a los operadores a alinear sus estrategias de trading con las tendencias predominantes del mercado y a ajustar sus posiciones en consecuencia.

Los indicadores económicos pueden ayudar a los traders a identificar oportunidades de trading destacando los posibles catalizadores de los movimientos de precios. Por ejemplo, los datos positivos de empleo o el crecimiento del PIB pueden conducir a una mayor demanda de criptomonedas, creando oportunidades para que los traders entren en posiciones largas. Por el contrario, los indicadores económicos negativos pueden desencadenar un sentimiento bajista, brindando oportunidades para que los traders vendan en corto o cubran sus posiciones en criptomonedas.

Los indicadores económicos proporcionan información valiosa para gestionar el riesgo en el comercio de criptomonedas. Al considerar los indicadores económicos, los traders pueden evaluar el impacto potencial de los eventos económicos o las decisiones políticas en los precios de las criptomonedas. Esto permite a los traders implementar estrategias de gestión de riesgos, como establecer órdenes de stop-loss o ajustar el tamaño de las posiciones, para mitigar las pérdidas potenciales o proteger las ganancias durante las condiciones volátiles del mercado.

Si bien los indicadores económicos ofrecen información valiosa, es importante reconocer sus limitaciones y considerar otros factores junto con su análisis.

Los mercados de criptomonedas pueden reaccionar rápidamente a las noticias e indicadores económicos, incorporando rápidamente la información a los precios. Los traders deben tener en cuenta la eficiencia del mercado y la velocidad a la que se difunde la información para tomar decisiones comerciales oportunas.
Los desarrollos regulatorios también influyen en los mercados de criptomonedas. Los traders deben considerar el impacto de las regulaciones gubernamentales, los marcos legales o las decisiones políticas en el mercado de criptomonedas junto con los indicadores económicos.

Los indicadores económicos proporcionan un análisis fundamental, que complementa el análisis técnico en el comercio de criptomonedas. Los traders deben utilizar los indicadores económicos junto con las herramientas de análisis técnico, como los patrones gráficos, las líneas de tendencia o los osciladores, para obtener una visión completa del mercado y tomar decisiones de trading bien informadas.

Los indicadores económicos desempeñan un papel crucial en el comercio de criptomonedas, ya que proporcionan información sobre el sentimiento del mercado, la política monetaria, la inflación y el crecimiento económico. Al monitorear y analizar los indicadores económicos, los comerciantes de criptomonedas pueden obtener información valiosa para evaluar las tendencias del mercado, identificar oportunidades comerciales y administrar el riesgo de manera efectiva. Es importante reconocer el impacto de los indicadores económicos en los mercados de criptomonedas, considerar otros factores como los desarrollos regulatorios y combinar el análisis económico con herramientas de análisis técnico. Con un estudio y una práctica diligentes, los operadores pueden aprovechar los indicadores económicos para mejorar sus estrategias de trading de criptomonedas y tomar decisiones de trading más informadas.

Noticias y eventos que afectan a las criptomonedas

Las noticias y los eventos tienen un impacto significativo en el mercado de las criptomonedas, influyendo en los movimientos de precios, el sentimiento del mercado y el comportamiento de los inversores. Las criptomonedas, al ser muy sensibles al flujo de noticias, pueden experimentar una volatilidad sustancial en respuesta a desarrollos tanto positivos como negativos. Esta sección explora la importancia de las noticias y los eventos en el mercado de las criptomonedas, su impacto en los precios y sus implicaciones prácticas para los comerciantes e inversores.

Las noticias y los eventos actúan como catalizadores de los movimientos de precios en el mercado de criptomonedas. Pueden crear cambios repentinos en el sentimiento del mercado y desencadenar una presión de compra o venta, lo que lleva a rápidas fluctuaciones de precios. Los siguientes factores ilustran la influencia de las noticias y los eventos en las criptomonedas:

Las noticias relacionadas con las regulaciones y las políticas gubernamentales tienen un impacto significativo en las criptomonedas. Los anuncios de nuevas regulaciones, prohibiciones o restricciones a las criptomonedas en diferentes países pueden causar incertidumbre y volatilidad en el mercado. Del mismo modo, las noticias de desarrollos regulatorios favorables, como el reconocimiento de las criptomonedas como moneda de curso legal o la introducción de marcos de apoyo, pueden impulsar la confianza del mercado y hacer subir los precios.

Las noticias sobre una mayor adopción y asociaciones que involucran criptomonedas pueden tener un impacto positivo en los precios. Las grandes empresas o instituciones que aceptan criptomonedas como pago, las asociaciones entre proyectos de blockchain y entidades establecidas, o la incorporación de criptomonedas en los sistemas financieros existentes pueden mejorar la credibilidad del mercado y atraer a nuevos inversores.

Las noticias de brechas de seguridad, hackeos o vulnerabilidades en exchanges o billeteras de criptomonedas pueden afectar significativamente el sentimiento del mercado. Tales eventos erosionan la confianza de los inversores, lo que lleva a ventas de pánico y caídas de precios. Por el contrario, las noticias sobre la mejora de las medidas de seguridad o la resolución satisfactoria de los problemas de seguridad pueden restablecer la confianza del mercado y estabilizar los precios.

Una amplia gama de noticias y eventos pueden afectar a las criptomonedas. Comprender su naturaleza y su impacto potencial es crucial para los traders e inversores.

Las noticias económicas clave, como los informes del PIB, los datos de empleo o los anuncios de los bancos centrales, pueden afectar a los precios de las criptomonedas. Los indicadores económicos positivos o las decisiones favorables de política monetaria pueden atraer a los inversores que buscan oportunidades de inversión alternativas, lo que podría hacer subir los precios de las criptomonedas. Por el contrario, las noticias económicas negativas pueden desencadenar la aversión al riesgo y una huida hacia la seguridad, lo que puede conducir a una presión de venta sobre las criptomonedas.

Las noticias relacionadas con criptomonedas específicas, proyectos de blockchain o desarrollos de la industria pueden afectar significativamente los precios. Los anuncios de actualizaciones, nuevas funciones o avances tecnológicos pueden generar un sentimiento positivo del mercado y una apreciación de los precios. Del mismo modo, las asociaciones o colaboraciones entre proyectos de blockchain y empresas o instituciones establecidas pueden mejorar la confianza del mercado y atraer a nuevos inversores.

Los casos de manipulación del mercado, uso de información privilegiada o actividades fraudulentas pueden tener un impacto perjudicial en las criptomonedas. Las noticias relacionadas con estafas, esquemas Ponzi o manipulación del mercado pueden provocar una pérdida de confianza entre los inversores y provocar caídas sustanciales de los precios. Por lo tanto, los traders e inversores deben mantenerse atentos y monitorear las noticias en busca de actividades sospechosas que puedan afectar al mercado.

Las noticias y los eventos presentan tanto oportunidades como desafíos para los comerciantes e inversores de criptomonedas. Comprender su impacto e implementar estrategias efectivas es vital para el éxito en este mercado dinámico.

Los traders e inversores deben monitorear activamente las noticias y eventos que puedan afectar a las criptomonedas. Pueden reaccionar rápidamente a acontecimientos significativos, aprovechar las posibles oportunidades comerciales o implementar medidas de gestión de riesgos para proteger sus inversiones manteniéndose informados.

Para obtener una visión integral, es importante diversificar las fuentes de información. Confiar en un solo medio de comunicación o plataforma de redes sociales puede dar lugar a información sesgada o incompleta. Al buscar información de varias fuentes confiables, los comerciantes e inversores pueden comprender mejor las tendencias del mercado y tomar decisiones informadas.

Las noticias y los eventos pueden tener implicaciones tanto a corto como a largo plazo para las criptomonedas. Los traders deben evaluar el impacto inmediato de las noticias en los precios y el sentimiento del mercado. Por otro lado, los inversores deben tener en cuenta las implicaciones a largo plazo de los acontecimientos, como los cambios normativos o los avances del sector, para tomar decisiones de inversión acertadas.

Las estrategias de gestión de riesgos son cruciales dada la volatilidad asociada a los movimientos de precios impulsados por las noticias. Los traders e inversores deben establecer órdenes de stop-loss, diversificar sus carteras y evitar una exposición excesiva a una sola criptomoneda. Una gestión adecuada del riesgo ayuda a mitigar las pérdidas potenciales durante los períodos de mayor volatilidad.

Si bien las noticias y los eventos tienen un impacto significativo en el mercado de las criptomonedas, es importante tener en cuenta las siguientes limitaciones y factores:

Los mercados de criptomonedas pueden reaccionar rápidamente a las noticias y eventos, a menudo incorporando información en los precios rápidamente. Los traders deben ser conscientes de la eficiencia del mercado y de la velocidad a la que se difunden las noticias para tomar decisiones de trading oportunas.

Los mercados de criptomonedas son susceptibles a información falsa o engañosa. Los traders e inversores deben tener cuidado, verificar las noticias de múltiples fuentes y evitar tomar decisiones apresuradas basadas únicamente en información no verificada.

Si bien las noticias y los eventos son esenciales, se debe tener en cuenta el análisis técnico y las tendencias del mercado. La combinación del análisis basado en noticias con herramientas de análisis técnico, como patrones gráficos, líneas de tendencia u osciladores, ayuda a formar una visión más completa del mercado e identificar posibles oportunidades de trading.

Las noticias y los eventos juegan un papel crucial en el mercado de las criptomonedas, impulsando los movimientos de precios, dando forma al sentimiento del mercado e influyendo en el comportamiento de los inversores. Los traders e inversores deben mantenerse informados, reaccionar rápidamente a los acontecimientos e implementar estrategias efectivas para navegar por el dinámico panorama de las criptomonedas. Si bien las noticias proporcionan información valiosa, es importante considerar sus limitaciones, diversificar las

fuentes de información y analizar las noticias junto con herramientas de análisis técnico. Con un seguimiento y análisis diligentes, los traders e inversores pueden aprovechar las noticias y los eventos para tomar decisiones comerciales informadas y capitalizar las oportunidades en el mercado de criptomonedas.

Análisis del sentimiento del mercado y las tendencias de las redes sociales

El sentimiento del mercado y las tendencias de las redes sociales dan forma significativamente a los mercados financieros, incluido el mercado de criptomonedas. El análisis del sentimiento del mercado proporciona información sobre las emociones y expectativas colectivas de los participantes del mercado, mientras que el seguimiento de las tendencias de las redes sociales permite a los traders e inversores medir el sentimiento del público y anticipar posibles movimientos de precios. Esta sección explora la importancia de analizar el sentimiento del mercado y las tendencias de las redes sociales, su impacto en los mercados financieros y sus aplicaciones prácticas en las decisiones comerciales.

El sentimiento del mercado se refiere a la actitud general y el estado de ánimo de los inversores y traders hacia un activo o mercado en particular. Refleja las emociones y expectativas colectivas que impulsan las decisiones de compra o venta. Analizar el sentimiento del mercado ayuda a los traders e inversores a comprender las condiciones prevalecientes del mercado y los posibles movimientos futuros de los precios.

El sentimiento del mercado está influenciado por una variedad de factores, incluidos los indicadores económicos, las noticias corporativas, los eventos geopolíticos y la psicología de los inversores. Las noticias positivas, como los sólidos datos económicos o los informes de ganancias favorables, tienden a generar un sentimiento positivo del mercado, lo que lleva a una mayor presión de compra. Por el contrario, las noticias negativas pueden crear pesimismo, lo que resulta en presión de venta y movimientos de precios a la baja.

Los traders e inversores utilizan varios indicadores para medir el sentimiento del mercado. Entre ellos se encuentran el índice de volatilidad (VIX), el índice de miedo y codicia, los ratios de compra y venta y las encuestas sobre el sentimiento de los inversores. Estos indicadores proporcionan una instantánea de los sentimientos y expectativas de los participantes del mercado, lo que ayuda a los traders a evaluar el sentimiento general y a tomar decisiones comerciales informadas.

El sentimiento del mercado puede tener un impacto significativo en los mercados financieros, influyendo en los movimientos de precios y la dinámica del mercado.

El sentimiento positivo del mercado a menudo conduce a movimientos de precios al alza, ya que los compradores superan en número a los vendedores. Por el contrario, el sentimiento negativo del mercado puede dar lugar a movimientos de precios a la baja a medida que domina la presión de venta. Los cambios en el sentimiento del mercado pueden desencadenar tendencias, reversiones o fases de consolidación en los mercados financieros.

El sentimiento del mercado afecta a la volatilidad del mercado. El sentimiento positivo tiende a crear un entorno de mercado más estable y predecible, con niveles más bajos de volatilidad. Por el contrario, el sentimiento negativo puede conducir a una mayor volatilidad del mercado, ya que el miedo y la incertidumbre impulsan mayores oscilaciones de precios.

El sentimiento del mercado influye en el comportamiento de los inversores, dando forma a su apetito por el riesgo y a sus decisiones de inversión. Durante los períodos de sentimiento positivo, los inversores pueden estar más dispuestos a asumir riesgos y asignar capital a activos de mayor riesgo. Por el contrario, el sentimiento negativo puede impulsar la aversión al riesgo, ya que los inversores buscan activos más seguros o adoptan un enfoque de inversión defensivo.

El auge de las plataformas de redes sociales ha proporcionado una gran cantidad de información y conocimientos en tiempo real sobre el sentimiento público y las tendencias del mercado. El análisis de las tendencias de las redes sociales permite a los traders e inversores monitorear las opiniones públicas, identificar las tendencias emergentes y evaluar el sentimiento del mercado.

Las plataformas de redes sociales como Reddit, Twitter y los foros en línea se han convertido en lugares populares para discutir los mercados financieros y las criptomonedas. Estas plataformas permiten a los usuarios compartir opiniones, noticias y análisis en tiempo real, creando un tesoro de datos para el análisis de sentimientos.

Las herramientas de análisis de sentimiento utilizan algoritmos de procesamiento de lenguaje natural y aprendizaje automático para examinar los datos de las redes sociales y determinar el sentimiento. Estas herramientas clasifican las publicaciones, los tweets o los comentarios como positivos, negativos o neutrales, proporcionando una medida cuantitativa del sentimiento. Los traders e inversores pueden utilizar herramientas de análisis de sentimiento para obtener información sobre el sentimiento del mercado e identificar posibles oportunidades de trading.

El análisis del sentimiento del mercado y las tendencias de las redes sociales tiene aplicaciones prácticas para los traders e inversores, ayudando en la toma de decisiones y la gestión de riesgos.

Analizar el sentimiento del mercado y las tendencias de las redes sociales ayuda a los traders a identificar las tendencias de los mercados emergentes. Al monitorear las opiniones y el sentimiento del público, los traders pueden identificar cambios en el sentimiento del mercado y anticipar cambios o continuaciones de tendencias.

El sentimiento del mercado a menudo alcanza niveles extremos durante los ciclos de mercado. El análisis del sentimiento puede ayudar a los traders a identificar los extremos del sentimiento, como el optimismo excesivo o el pesimismo extremo. Estos extremos pueden indicar posibles reversiones del mercado o condiciones de sobrecompra/sobreventa, lo que proporciona a los traders oportunidades de trading contrarias.

Comprender el sentimiento del mercado puede ayudar en la gestión de riesgos. Al monitorear los indicadores de sentimiento, los traders pueden medir las condiciones del mercado y ajustar sus estrategias de gestión de riesgos en consecuencia. Por ejemplo, durante los períodos de excesiva tendencia alcista, los traders pueden optar por ajustar los niveles de stop-loss para proteger las ganancias en caso de un cambio de sentimiento.

Las tendencias de las redes sociales pueden ayudar a validar las noticias y filtrar la posible desinformación. Los traders e inversores pueden hacer referencias cruzadas de las noticias con el sentimiento de las redes sociales para evaluar la credibilidad y el impacto potencial en los mercados financieros. Esto ayuda a tomar decisiones comerciales más informadas.

Si bien el análisis del sentimiento del mercado y las tendencias de las redes sociales proporciona información valiosa, existen limitaciones y consideraciones a tener en cuenta.

Las plataformas de redes sociales pueden ser ruidosas, con una mezcla de opiniones e información engañosa. Los traders e inversores deben tener cuidado con las señales falsas y verificar la información de fuentes fiables. Confiar únicamente en el sentimiento de las redes sociales puede llevar a conclusiones sesgadas o inexactas.

Analizar el sentimiento de las redes sociales requiere considerar el contexto y los posibles sesgos dentro de la muestra. Es posible que las tendencias de las redes sociales no representen el sentimiento del mercado en general. Los traders deben utilizar el análisis de sentimiento como una herramienta entre muchas, teniendo en cuenta otros factores de análisis fundamental y técnico.

Las tendencias de las redes sociales y el análisis de sentimientos pueden tener retrasos en el tiempo. Los traders deben ser conscientes del tiempo que tarda la información sobre el sentimiento en difundirse e incorporarla a su proceso de toma de decisiones.

El análisis del sentimiento del mercado y las tendencias de las redes sociales proporciona información valiosa sobre las condiciones del mercado, el sentimiento de los inversores y los posibles movimientos de precios. Al comprender el sentimiento del mercado, los traders e inversores pueden navegar mejor por los mercados financieros, identificar tendencias y ajustar sus estrategias de trading en consecuencia. Las tendencias de las redes sociales ofrecen un análisis de sentimiento en tiempo real, lo que ayuda a los operadores a monitorear el sentimiento público y validar los eventos noticiosos. Sin embargo, es importante tener en cuenta las limitaciones y los posibles sesgos asociados con el análisis de sentimientos. Al incorporar el análisis de sentimiento con otras herramientas de análisis fundamental y técnico, los operadores pueden obtener una visión más completa del mercado y tomar decisiones comerciales informadas.

Evaluación de los fundamentos del proyecto y las asociaciones

Evaluar los fundamentos del proyecto y las asociaciones es crucial en el mundo de las criptomonedas y la tecnología blockchain. Con la entrada de numerosos proyectos en el mercado, es esencial que los operadores e inversores evalúen los fundamentos subyacentes y las asociaciones de un proyecto antes de tomar decisiones de inversión. Esta sección explora la importancia de evaluar los fundamentos y las asociaciones de los proyectos, su impacto en el éxito del proyecto y sus aplicaciones prácticas para los comerciantes e inversores.

Los fundamentos del proyecto se refieren a los aspectos esenciales que determinan el éxito potencial y la viabilidad de un proyecto de criptomoneda o blockchain. Estos fundamentos incluyen la tecnología, el equipo, la visión, el caso de uso, el ajuste al mercado y la tokenómica del proyecto.

La tecnología subyacente a un proyecto desempeña un papel fundamental en su éxito. Los comerciantes e inversores deben evaluar la infraestructura tecnológica, la escalabilidad, la seguridad y la innovación de un proyecto. Una tecnología robusta e innovadora aumenta la probabilidad de adopción y éxito a largo plazo.

El equipo detrás de un proyecto es fundamental en la ejecución de su visión. Evaluar los conocimientos, la experiencia y el historial de los miembros del equipo y los asesores es crucial. Un equipo sólido con conocimiento relevante de la industria y un historial comprobado inspira confianza en la ejecución del proyecto y la capacidad para cumplir sus promesas.

Una visión clara y convincente y un caso de uso práctico son vitales para el éxito de un proyecto. Los traders e inversores deben evaluar el propósito del proyecto, el mercado objetivo y cómo resuelve los problemas del mundo real. Comprender la propuesta de valor del proyecto y su impacto potencial en las industrias o comunidades es esencial para evaluar su viabilidad a largo plazo.

Evaluar el ajuste al mercado de un proyecto implica analizar su potencial dentro del panorama competitivo existente. Los comerciantes e inversores deben evaluar la demanda del producto o servicio del proyecto, el tamaño del mercado objetivo y cómo se diferencia de los competidores. Los proyectos que abordan necesidades significativas del mercado y tienen una ventaja competitiva tienen más probabilidades de éxito.

Tokenomics se refiere a la estructura económica y la utilidad del token nativo de un proyecto. Los traders e inversores deben evaluar factores como el suministro de tokens, la distribución, la tasa de inflación, la utilidad de los tokens y cómo se alinea el token con el ecosistema del proyecto. Comprender la economía de los tokens ayuda a determinar el valor potencial y la sostenibilidad del proyecto.

Las asociaciones pueden tener un impacto significativo en el éxito y la adopción de un proyecto de criptomoneda o blockchain. La evaluación de las asociaciones permite a los comerciantes e inversores medir la capacidad del proyecto para colaborar de manera efectiva y aprovechar las alianzas estratégicas para el crecimiento y el desarrollo.

Las asociaciones con empresas, instituciones o líderes de la industria establecidas aportan credibilidad y abren las puertas a nuevas oportunidades. Los comerciantes e inversores deben evaluar la calidad y la relevancia de las asociaciones del proyecto, teniendo en cuenta factores como la reputación del socio, la experiencia y la posible sinergia entre el proyecto y sus socios. Las alianzas estratégicas pueden contribuir a la adopción del mercado, los avances tecnológicos y el aumento de la visibilidad en el mercado.

Las asociaciones pueden validar el caso de uso de un proyecto y demostrar aplicaciones del mundo real. Las colaboraciones con empresas u organizaciones que se benefician directamente de la tecnología del proyecto muestran su practicidad y su impacto potencial. La validación de casos de uso a través de asociaciones aumenta la confianza en la propuesta de valor del proyecto y su potencial de adopción generalizada.
Las asociaciones pueden ofrecer acceso a nuevos mercados y canales de distribución. Los comerciantes e inversores deben evaluar si las asociaciones permiten que el proyecto llegue a una base de usuarios más amplia u obtenga acceso a mercados clave. Las asociaciones estratégicas pueden acelerar la adopción, aumentar los efectos de red e impulsar el crecimiento de los proyectos.

La evaluación de los fundamentos del proyecto y las asociaciones es esencial para que los operadores e inversores tomen decisiones informadas y gestionen sus riesgos de inversión de forma eficaz.
La evaluación de los fundamentos del proyecto y las asociaciones ayuda a identificar los posibles riesgos y desafíos asociados con un proyecto. Al evaluar la tecnología, el equipo y el ajuste al mercado, los

comerciantes e inversores pueden evaluar el potencial de éxito y sostenibilidad del proyecto. Por otro lado, las asociaciones pueden ofrecer información sobre la capacidad del proyecto para atraer apoyo, colaborar de manera efectiva y aprovechar los recursos para el crecimiento. Comprender los riesgos asociados con los fundamentos de los proyectos y las asociaciones ayuda a mitigar los riesgos de inversión.

La evaluación de los fundamentos del proyecto y las asociaciones ayuda a los operadores e inversores a tomar decisiones de inversión informadas. Al analizar la tecnología, el equipo, la visión, el ajuste al mercado y las asociaciones del proyecto, los inversores pueden evaluar su potencial de éxito a largo plazo y su alineación con sus estrategias de inversión. El proceso de evaluación proporciona una base para comparar diferentes proyectos y seleccionar aquellos que ofrecen las oportunidades más prometedoras.

Los fundamentos del proyecto y las asociaciones proporcionan información sobre el valor a largo plazo y los posibles rendimientos de la inversión. Los comerciantes e inversores pueden evaluar las perspectivas de crecimiento del proyecto, las ventajas competitivas y el potencial de adopción en el mercado. Las asociaciones indican la capacidad del proyecto para forjar alianzas estratégicas y desbloquear nuevas oportunidades de crecimiento. Esta evaluación ayuda a los inversores a identificar proyectos que tienen el potencial de generar valor a largo plazo.

La evaluación de los fundamentos del proyecto y las asociaciones es una parte fundamental de la diligencia debida para los operadores e inversores. La investigación y el análisis exhaustivos de los fundamentos y las asociaciones del proyecto ayudan a los inversores a tomar decisiones informadas basadas en información fiable. La debida diligencia minimiza los riesgos asociados con la inversión en proyectos con fundamentos débiles o asociaciones poco confiables.

Si bien la evaluación de los fundamentos del proyecto y las asociaciones proporciona información valiosa, es importante tener en cuenta ciertas limitaciones y factores.

El mercado de las criptomonedas es volátil, y los proyectos con sólidos fundamentos y asociaciones no son inmunes a las fluctuaciones de precios. Los traders e inversores deben tener en cuenta las condiciones del mercado y gestionar sus inversiones en consecuencia, teniendo en cuenta factores que van más allá de los fundamentos del proyecto y las asociaciones.

El panorama de las criptomonedas y la cadena de bloques es dinámico, con nuevos proyectos y asociaciones que surgen constantemente. Los traders e inversores deben actualizar continuamente sus análisis y adaptarse a las condiciones cambiantes del mercado. El seguimiento de la evolución de los proyectos y la reevaluación periódica de los fundamentos y las asociaciones son esenciales para mantenerse informado.

La evaluación de los fundamentos del proyecto y las asociaciones debe incluir una evaluación de los factores regulatorios. Los cambios o restricciones regulatorias pueden afectar significativamente la viabilidad y las asociaciones de un proyecto. Los traders e inversores deben tener en cuenta el panorama regulatorio y los riesgos potenciales asociados con los cambios en las regulaciones.

La evaluación de los fundamentos del proyecto y las asociaciones es crucial para los comerciantes e inversores en el mercado de criptomonedas. Evaluar la tecnología, el equipo, la visión, el ajuste al mercado y la tokenómica de un proyecto ayuda a medir su potencial de éxito. El análisis de las asociaciones proporciona información sobre la capacidad del proyecto para colaborar de manera efectiva y aprovechar las alianzas estratégicas. Los traders e inversores pueden utilizar esta evaluación para tomar decisiones de inversión informadas, gestionar los riesgos e identificar proyectos con potencial de crecimiento a largo plazo. Si bien los fundamentos de los proyectos y las asociaciones ofrecen información valiosa, es importante tener en cuenta la volatilidad del mercado, los paisajes cambiantes y los factores regulatorios al evaluar los proyectos.

CAPÍTULO VI
Gestión de Riesgos y Psicología

Técnicas de gestión de riesgos para el comercio de criptomonedas

El comercio de criptomonedas ofrece oportunidades lucrativas, pero también conlleva riesgos inherentes. Gestionar estos riesgos de manera efectiva es crucial para el éxito a largo plazo en el volátil mercado de las criptomonedas. Esta sección explora varias técnicas de gestión de riesgos que los traders pueden emplear para proteger su capital, minimizar las pérdidas potenciales y aumentar la probabilidad de una rentabilidad constante. Al implementar estas técnicas, los operadores pueden navegar por las complejidades del comercio de criptomonedas con mayor confianza y resistencia.

Comprender y evaluar los riesgos relacionados con el comercio de criptomonedas es el primer paso para una gestión eficiente del riesgo. Los riesgos pueden incluir la volatilidad del mercado, los cambios regulatorios, las vulnerabilidades tecnológicas y los riesgos de liquidez. Realice una evaluación exhaustiva de riesgos para identificar y evaluar estos riesgos en relación con su estrategia y objetivos de trading. Comprender los riesgos permite a los operadores desarrollar estrategias adecuadas de gestión de riesgos.

Las órdenes de stop-loss son herramientas esenciales de gestión de riesgos que permiten a los traders limitar las pérdidas potenciales. Al establecer una orden de stop-loss en un nivel de precio predeterminado, los traders salen automáticamente de una posición si el mercado se mueve en su contra más allá de un cierto umbral. Esta técnica ayuda a proteger el capital minimizando las pérdidas y evitando la toma de decisiones emocionales durante las condiciones volátiles del mercado.

Distribuir sus inversiones entre una variedad de criptomonedas o estrategias comerciales es una estrategia clave de gestión de riesgos conocida como diversificación. La diversificación de su cartera reduce el riesgo de concentración asociado a la inversión en un solo activo. Una cartera bien diversificada puede mitigar el impacto de los movimientos adversos de los precios en cualquier criptomoneda, ya que las pérdidas en un activo pueden compensarse con ganancias en otros.

El dimensionamiento de la posición es una técnica de gestión de riesgos que determina la cantidad adecuada de capital para cada operación. Al emplear técnicas de dimensionamiento de posiciones, como el modelo de riesgo de porcentaje fijo o el criterio de Kelly, los traders pueden asegurarse de que ninguna operación individual represente un riesgo significativo para su cartera general. El tamaño de la posición ayuda a mantener una exposición constante al riesgo y evita la sobreexposición a operaciones de alto riesgo.

El mercado de las criptomonedas es dinámico y los parámetros de riesgo deben revisarse y ajustarse periódicamente para reflejar las condiciones cambiantes del mercado. Revise periódicamente su estrategia de gestión de riesgos y evalúe su eficacia. Evalúe factores como la volatilidad del mercado, los riesgos emergentes y las nuevas oportunidades. Ajuste sus parámetros de riesgo según sea necesario para alinearse con sus objetivos comerciales y tolerancia al riesgo.

La gestión eficaz del riesgo depende de mantenerse al día con las noticias y los acontecimientos del mercado. Realice un seguimiento de los desarrollos regulatorios, los anuncios importantes y los indicadores macroeconómicos que pueden afectar el mercado de criptomonedas. Al mantenerse informados, los traders pueden anticipar los riesgos potenciales y ajustar sus estrategias de trading en consecuencia. El conocimiento oportuno de las noticias del mercado ayuda a tomar decisiones informadas y mitigar riesgos inesperados.

El monitoreo y el análisis continuos de las operaciones son prácticas esenciales de gestión de riesgos. Revise regularmente sus operaciones, analice su rendimiento e identifique patrones o tendencias. Reconozca cualquier área de mejora, como la sobreexposición a ciertos activos o errores repetitivos, y realice los ajustes correspondientes. El monitoreo y el análisis de las operaciones permiten a los operadores identificar y rectificar los riesgos potenciales antes de que se conviertan en pérdidas significativas.

Mantener suficiente liquidez es una consideración vital de gestión de riesgos. Los mercados de criptomonedas pueden ser muy volátiles e ilíquidos, lo que dificulta la entrada o salida de operaciones a los precios deseados. Asegúrese de tener acceso a la liquidez adecuada para ejecutar sus operaciones de manera efectiva. Tenga en cuenta los factores de liquidez a la hora de seleccionar criptomonedas e intercambios para minimizar el riesgo de encontrar problemas de liquidez.

Una mentalidad disciplinada es fundamental para una gestión eficaz de los riesgos. Cíñete a tu plan de trading, estrategia y parámetros de riesgo, incluso durante períodos de volatilidad del mercado o estrés emocional. Evita tomar decisiones impulsivas impulsadas por el miedo o la codicia. Mantenga el control emocional y adhiérase a sus reglas predeterminadas de gestión de riesgos. Una mentalidad disciplinada ayuda a los traders a tomar decisiones racionales y evita que se desvíen de sus estrategias de gestión de riesgos.

La implementación de técnicas efectivas de gestión de riesgos es esencial para navegar por los riesgos e incertidumbres del comercio de criptomonedas. Al comprender y evaluar los riesgos, utilizar órdenes de stop-loss, diversificar carteras, emplear técnicas de dimensionamiento de posiciones, mantenerse informado sobre las noticias del mercado, monitorear continuamente las operaciones, mantener la liquidez y adoptar una mentalidad disciplinada, los operadores pueden mitigar las pérdidas potenciales y proteger su capital. Una gestión de riesgos exitosa protege las inversiones y mejora la capacidad de los operadores para tomar decisiones informadas y aumentar la probabilidad de una rentabilidad constante. Al priorizar la gestión de riesgos junto con las estrategias de trading, los traders pueden navegar por el volátil mercado de criptomonedas con mayor confianza y resiliencia.

Desarrollo de un plan de trading

Desarrollar un plan de trading es esencial para los traders que buscan el éxito en el dinámico mundo de los mercados financieros. Un plan de trading proporciona un marco estructurado que describe las estrategias, los objetivos, las técnicas de gestión de riesgos y las directrices para ejecutar las operaciones de un trader. Esta sección explora la importancia de un plan de trading, los componentes clave que debe incluir y los pasos prácticos para desarrollar un plan eficaz.

Para los traders, un plan de trading actúa como una hoja de ruta y ofrece una serie de ventajas.

Un plan de trading proporciona a los traders una dirección y un enfoque claros. Describe los objetivos del trader, los mercados preferidos, las estrategias de trading y las técnicas de gestión de riesgos. Al definir estos aspectos, un plan de trading ayuda a los traders a mantenerse centrados en sus objetivos y evitar decisiones impulsivas impulsadas por las emociones o las fluctuaciones del mercado a corto plazo.

La consistencia es vital en el trading. Un plan de trading establece un conjunto de reglas y directrices para la ejecución de operaciones. Garantiza que las decisiones se basen en una estrategia predefinida en lugar de emociones o condiciones de mercado impredecibles. La toma de decisiones coherente aumenta las posibilidades de éxito y rentabilidad a largo plazo.

Un plan de trading bien desarrollado incorpora técnicas de gestión de riesgos. Ayuda a los traders a definir su tolerancia al riesgo, establecer niveles de stop-loss y determinar las reglas de tamaño de las posiciones. Al gestionar eficazmente los riesgos, los operadores pueden preservar su capital, minimizar las pérdidas y protegerse de importantes reducciones.

El trading puede ser un desafío emocional, con el potencial de que el estrés, el miedo y la codicia influyan en la toma de decisiones. Un plan de trading promueve la estabilidad psicológica al proporcionar un marco estructurado. Ayuda a los traders a superar los sesgos emocionales y a tomar decisiones racionales basadas en estrategias predefinidas, reduciendo el impacto de las fluctuaciones del mercado a corto plazo en su rendimiento comercial.

Un plan de trading debe incluir varios componentes clave que formen la base para un trading exitoso.
Un plan de trading comienza con el establecimiento de objetivos específicos y alcanzables. Los traders deben definir sus objetivos financieros, como los rendimientos previstos, los ingresos deseados o los objetivos de crecimiento. Además, se pueden incorporar objetivos no financieros, como mejorar las habilidades comerciales o ampliar el conocimiento del mercado. Los objetivos claros proporcionan un sentido de propósito y guían el proceso de toma de decisiones del trader.

La estrategia de trading describe los métodos y técnicas de un trader para identificar oportunidades de trading y ejecutar operaciones. Puede incluir el análisis técnico, el análisis fundamental o una combinación de ambos. Los traders deben definir los indicadores, los patrones gráficos o los factores fundamentales en los que se basarán para tomar decisiones de trading. La estrategia de trading debe estar alineada con los objetivos del trader y su tolerancia al riesgo.

Un componente esencial de un plan de trading es la gestión de riesgos. Implica establecer niveles de tolerancia al riesgo, determinar las reglas de tamaño de las posiciones y establecer niveles de stop-loss. Los traders deben definir el porcentaje máximo de su capital de trading que están dispuestos a arriesgar en una sola operación. Las reglas de tamaño de posición garantizan que ninguna operación individual tenga un impacto desproporcionadamente grande en la cartera general. Los niveles de stop-loss ayudan a limitar las pérdidas potenciales y a proteger el capital.

Los traders deben identificar los mercados o activos en los que se centrarán en su plan de trading. Esto podría incluir acciones, divisas, materias primas o criptomonedas específicas. La selección de mercados en función de los intereses personales, el conocimiento del mercado o el rendimiento histórico permite a los operadores especializarse y obtener una comprensión más profunda de esos mercados.

Definir las reglas de entrada y salida es esencial para ejecutar operaciones de manera consistente. Los traders deben determinar los criterios que señalan la entrada en una operación, como patrones gráficos específicos, indicadores técnicos o eventos fundamentales. Del mismo modo, las reglas de salida deben especificar las condiciones para cerrar una operación, incluidos los objetivos de ganancias o los niveles de stop-loss. Tener reglas de entrada y salida predefinidas ayuda a eliminar las emociones del proceso de toma de decisiones.

Mantener un diario de operaciones es una parte integral de un plan de operaciones. Los operadores deben registrar cada operación que ejecutan, incluidos los puntos de entrada y salida, las razones de la operación y cualquier observación o lección aprendida. Un diario de operaciones permite a los operadores revisar y evaluar objetivamente su rendimiento, identificar patrones y realizar mejoras con el tiempo.

El desarrollo de un plan de trading eficaz requiere una consideración cuidadosa y un refinamiento continuo. Los siguientes pasos pueden ayudar a los traders a crear un plan sólido:

Los traders deben realizar una autoevaluación para identificar sus fortalezas, debilidades y estilo de trading. Esta evaluación ayuda a los traders a alinear su plan de trading con sus preferencias y habilidades individuales. También les ayuda a determinar su tolerancia al riesgo y sus objetivos financieros.

Los traders deben investigar y analizar los mercados en los que planean operar. Esto incluye comprender las tendencias del mercado, estudiar los datos históricos de precios y mantenerse informado sobre noticias y eventos relevantes. Un análisis exhaustivo del mercado proporciona a los operadores el conocimiento necesario para tomar decisiones comerciales informadas y adaptar sus estrategias a las condiciones cambiantes del mercado.

Basándose en la autoevaluación y la investigación de mercado, los traders pueden establecer metas y objetivos claros y realistas. Estos objetivos deben ser específicos, medibles, alcanzables, relevantes y con plazos concretos (objetivos SMART). Establecer objetivos alcanzables proporciona un sentido de dirección y motivación en el viaje comercial.

Los traders deben determinar su estrategia de trading preferida, teniendo en cuenta factores como su tolerancia al riesgo, su conocimiento del mercado y los recursos disponibles. Esto puede implicar un análisis técnico, un análisis fundamental o una combinación de ambos. Los traders también deben tener en cuenta sus plazos preferidos para operar, como a corto, medio o largo plazo.

Las técnicas de gestión de riesgos deben integrarse en el plan de negociación. Los traders deben definir su tolerancia al riesgo, las reglas de tamaño de la posición y los niveles de stop-loss. Las estrategias de gestión de riesgos deben alinearse con los objetivos y la estrategia de trading del trader, asegurando que las pérdidas potenciales sean limitadas y que se priorice la preservación del capital.

Una vez que se desarrolla el plan de trading, los traders deben implementarlo en sus actividades de trading. Inicialmente, los operadores pueden optar por operar con posiciones más pequeñas o simular operaciones utilizando una cuenta de demostración para probar la eficacia del plan. Esta fase de prueba ayuda a identificar cualquier área que pueda requerir ajustes o refinamientos en el plan.

Un plan de trading no es estático, sino que evoluciona con la experiencia del trader y las condiciones cambiantes del mercado. Los traders deben revisar y evaluar regularmente su plan de trading, teniendo en cuenta su rendimiento, las tendencias del mercado y los nuevos conocimientos obtenidos. Se pueden hacer ajustes al plan para reflejar las lecciones aprendidas y optimizar las estrategias comerciales.

Desarrollar un plan de trading es fundamental para los traders que buscan el éxito en los mercados financieros. Un plan de trading bien estructurado proporciona dirección, coherencia y técnicas de gestión de riesgos para guiar los procesos de toma de decisiones de los traders. Al incorporar componentes clave como objetivos, estrategias comerciales, técnicas de gestión de riesgos y selección de mercado, los operadores pueden mejorar sus posibilidades de lograr sus objetivos financieros. El desarrollo de un plan de trading requiere autoevaluación, investigación de mercado, establecimiento de objetivos, desarrollo de estrategias y evaluación y adaptación continuas. Al adherirse a un plan de trading, los traders pueden mantenerse disciplinados, mitigar los sesgos emocionales y navegar por los desafíos de los mercados financieros de manera más efectiva.

El control emocional y la superación de los escollos de la psicología del trading

Operar en los mercados financieros puede ser una tarea muy emocional. La gestión y el control de las emociones es crucial para que los traders tomen decisiones racionales y eviten caer en errores psicológicos comunes. Esta sección explora la importancia del control emocional en el trading, los escollos comunes de la psicología del trading a los que se enfrentan los traders y las estrategias para superar estos escollos.

El control emocional juega un papel vital en el éxito del trading. La gestión de las emociones permite a los traders tomar decisiones racionales, ceñirse a sus estrategias de trading y evitar las acciones impulsivas impulsadas por el miedo o la codicia. Estas son algunas de las razones clave por las que el control emocional es crucial en el trading: Las emociones tienen el potencial de afectar el juicio y dar lugar a decisiones irracionales. El miedo puede hacer que los traders salgan de las operaciones prematuramente, perdiendo ganancias potenciales, mientras que la codicia puede llevar a mantener posiciones perdedoras durante demasiado tiempo, con la esperanza de una reversión. El control emocional permite a los traders evaluar objetivamente las condiciones del mercado y tomar decisiones racionales basadas en sus estrategias y análisis de trading.

La consistencia es clave para el éxito a largo plazo en el trading. El control emocional ayuda a los traders a mantener la disciplina y a ceñirse a sus planes de trading. Evita que se desvíen de sus estrategias debido a impulsos emocionales o a la influencia de las fluctuaciones del mercado a corto plazo. La consistencia en el trading permite a los traders evaluar su rendimiento con precisión y ajustarlo en función de un análisis objetivo.

La gestión eficaz de los riesgos está estrechamente ligada al control emocional. Emociones como el miedo o la codicia pueden influir en el comportamiento de toma de riesgos y conducir a malas decisiones de gestión de riesgos. El control emocional permite a los traders adherirse a reglas de gestión de riesgos predefinidas, establecer niveles adecuados de stop-loss y evitar asumir riesgos excesivos. Al gestionar los riesgos de forma eficaz, los operadores pueden proteger su capital y minimizar las pérdidas potenciales.

Incluso con la comprensión de la importancia del control emocional, los traders a menudo caen en trampas comunes de la psicología del trading. Estos escollos pueden tener un impacto perjudicial en el rendimiento comercial y la rentabilidad general. Algunos de los errores más comunes de la psicología del trading incluyen:
El miedo y la ansiedad suelen surgir cuando los traders se enfrentan a pérdidas o a condiciones de mercado volátiles. Esta respuesta emocional puede llevar a la toma de decisiones irracionales, como cerrar operaciones prematuramente o evitar oportunidades potencialmente rentables. El miedo puede impedir que los traders se adhieran a sus planes de trading y ejecuten operaciones basadas en un análisis objetivo.
La codicia y el exceso de confianza pueden ser igualmente perjudiciales para el éxito del trading. Cuando los traders experimentan operaciones ganadoras consecutivas o son testigos de que otros se benefician, pueden confiarse demasiado y asumir riesgos excesivos. De ello puede resultar una gestión inadecuada de los riesgos y expectativas poco realistas. El exceso de confianza puede nublar el juicio y hacer que los traders pasen por alto los riesgos potenciales o las señales de advertencia del mercado.
El trading de venganza se produce cuando los traders buscan recuperar las pérdidas realizando operaciones impulsivas y emocionales. Después de experimentar una pérdida, los operadores pueden entrar en operaciones sin un análisis adecuado o una gestión de riesgos en un intento de recuperar el capital perdido. El trading de

venganza es un escollo peligroso, ya que a menudo conduce a más pérdidas, alimentadas por las emociones en lugar de por principios de trading sólidos.

El sesgo de confirmación se refiere a la búsqueda de información que respalde las creencias o sesgos existentes mientras se ignoran las pruebas contradictorias. Los traders con sesgo de confirmación pueden interpretar selectivamente los datos del mercado, lo que lleva a un análisis y una toma de decisiones defectuosos. El sesgo de confirmación puede impedir que los traders evalúen objetivamente las condiciones del mercado y ajusten sus estrategias en consecuencia.

Superar los escollos de la psicología del trading requiere un enfoque proactivo y la implementación de estrategias específicas. Aquí hay algunas estrategias para ayudar a los traders a desarrollar el control emocional y superar los errores comunes de la psicología del trading:

Un plan de trading bien definido sirve como hoja de ruta para los traders y ayuda a eliminar las influencias emocionales. El plan de trading debe incluir puntos de entrada y salida predefinidos, reglas de gestión de riesgos y directrices para diferentes escenarios de mercado. Seguir un plan de trading proporciona un enfoque estructurado para el trading y reduce la probabilidad de tomar decisiones impulsivas.

Desarrollar la autoconciencia es crucial para reconocer y gestionar las emociones mientras se opera. Los traders deben tener en cuenta sus pensamientos, sentimientos y reacciones físicas durante las sesiones de trading. Los traders pueden dar un paso atrás, evaluar la situación objetivamente y tomar decisiones lógicas siendo conscientes de sus estados emocionales.

El control emocional requiere una gestión eficaz del riesgo como componente crucial. Los traders deben establecer reglas claras de gestión de riesgos, incluido el establecimiento de niveles adecuados de stop-loss y el tamaño de la posición. Adherirse a estas reglas ayuda a manejar las emociones asociadas con posibles pérdidas y evita decisiones impulsivas impulsadas por el miedo o la codicia.

Llevar un diario de operaciones permite a los operadores realizar un seguimiento de sus emociones, decisiones de negociación y rendimiento. Al llevar un diario de sus experiencias, los traders pueden identificar patrones, fortalezas y debilidades en su psicología de trading. La reflexión regular sobre las operaciones pasadas y las respuestas emocionales ayuda a los traders a obtener información sobre sus desencadenantes emocionales y a desarrollar estrategias para superarlos.

Relacionarse con una comunidad de trading o encontrar un mentor puede proporcionar un valioso apoyo y orientación en la gestión de las emociones. Interactuar con traders experimentados permite compartir conocimientos, experiencias y estrategias para el control emocional. Además, buscar educación sobre psicología del trading puede ayudar a los traders a comprender los factores psicológicos subyacentes en juego y desarrollar estrategias efectivas para superar los escollos.

Lidiar con el FUD (miedo, la incertidumbre y la duda) y el FOMO (miedo a perderse algo)

En el mundo del comercio de criptomonedas, las emociones pueden influir significativamente en la toma de decisiones. Los traders a menudo se encuentran con dos emociones comunes: FOMO (Fear Of Missing Out) y FUD

(Fear, Uncertainty, and Doubt). El FOMO empuja a los traders a tomar decisiones impulsivas basadas en el miedo a perder ganancias potenciales, mientras que el FUD infunde dudas e incertidumbre, lo que lleva a acciones apresuradas impulsadas por el miedo. Esta sección explora el impacto del FOMO y el FUD en el trading, sus riesgos potenciales y las estrategias para lidiar con estas emociones.

El FOMO es una emoción poderosa que a menudo lleva a los traders a tomar decisiones irracionales. Puede conducir a un comercio impulsivo, a perseguir las tendencias del mercado y a operar en exceso. Estos comportamientos pueden tener consecuencias negativas en el rendimiento de las operaciones.

El FOMO de un trader puede hacer que actúe impulsivamente para evitar perder posibles ganancias. Pueden entrar en operaciones sin realizar un análisis adecuado o sin estrategias de salida claras. Este comportamiento impulsivo puede dar lugar a malos resultados comerciales y pérdidas innecesarias.

El miedo a perderse algo puede hacer que los traders sigan ciegamente las tendencias del mercado. En lugar de llevar a cabo una investigación y un análisis exhaustivos, pueden entrar en operaciones basándose únicamente en el miedo a perder beneficios potenciales. Este comportamiento a menudo conduce a comprar en el pico de un repunte del mercado, lo que resulta en pérdidas significativas cuando la tendencia se invierte.

El FOMO también puede llevar a los traders a operar en exceso, buscando constantemente nuevas oportunidades y entrando en múltiples operaciones simultáneamente. Este comportamiento puede dispersar demasiado los recursos, diluir el enfoque y aumentar el riesgo de pérdidas. El exceso de trading también puede conducir al agotamiento emocional y a una mala toma de decisiones.

El FUD es otra emoción que puede afectar significativamente las decisiones de trading. Puede conducir a ventas de pánico, oportunidades perdidas y aversión a las pérdidas, todo lo cual puede obstaculizar el éxito comercial.

El FUD puede desencadenar ventas de pánico, lo que hace que los traders salgan de las posiciones apresuradamente en respuesta a noticias negativas o fluctuaciones del mercado. En lugar de tomar decisiones racionales basadas en el análisis del mercado, los traders sucumben al miedo y la incertidumbre, lo que resulta en la venta de activos a precios infravalorados. Este comportamiento a menudo conduce a pérdidas innecesarias y oportunidades de ganancias perdidas.

La presencia de dudas e incertidumbre puede hacer que los traders duden y pierdan posibles oportunidades de trading. En lugar de asumir riesgos calculados basados en el análisis, los traders pueden optar por mantenerse al margen, por temor a la volatilidad del mercado o a eventos inciertos. Este enfoque cauteloso puede dar lugar a la pérdida de operaciones rentables y a un éxito comercial limitado.

El FUD a menudo conduce a la aversión a las pérdidas, donde los traders se centran demasiado en evitar pérdidas en lugar de perseguir ganancias. Esta mentalidad puede evitar que los traders asuman los riesgos necesarios y limitar su potencial de operaciones rentables. El miedo y la duda pueden eclipsar el análisis racional y obstaculizar la rentabilidad a largo plazo.

La gestión del FOMO y el FUD es crucial para mantener un enfoque disciplinado y racional del trading. Estas son algunas estrategias para lidiar con estas emociones:

Tener un plan de trading bien definido es esencial para mitigar el impacto del FOMO y el FUD. El plan debe incluir estrategias de entrada y salida, reglas de gestión de riesgos y directrices para diferentes escenarios de mercado. Al ceñirse al plan, los traders pueden evitar decisiones impulsivas impulsadas por las emociones. Realizar una investigación y un análisis exhaustivos es clave para tomar decisiones de trading informadas. Los traders deben basar sus acciones en información fiable, tendencias del mercado y análisis fundamentales en lugar de sucumbir al FOMO o dejarse llevar por el FUD. Una investigación sólida proporciona una base para la toma de decisiones racionales.

Establecer expectativas realistas es crucial para gestionar el FOMO y el FUD. Los traders deben entender que no todas las oportunidades darán lugar a beneficios significativos y que los mercados experimentan altibajos. Al establecer objetivos realistas y aceptar que las pérdidas son parte del trading, los traders pueden reducir el impacto emocional del FOMO y el FUD.

La paciencia y la disciplina son rasgos esenciales para gestionar las emociones en el trading. Los traders deben esperar a los puntos de entrada óptimos en función de su análisis en lugar de apresurarse a realizar operaciones por miedo a perderse. Asimismo, deben mantener la disciplina adhiriéndose a estrategias de gestión de riesgos y evitando acciones impulsivas impulsadas por la duda o la incertidumbre.

El FOMO y el FUD son emociones que pueden afectar significativamente a las decisiones de trading. El miedo a perderse algo y la presencia de dudas e incertidumbre pueden conducir a acciones impulsivas, operaciones excesivas, oportunidades perdidas, ventas de pánico y aversión a las pérdidas. Al reconocer la influencia de estas emociones, los traders pueden emplear estrategias como ceñirse a sus planes de trading, realizar una investigación exhaustiva, establecer expectativas realistas y practicar la paciencia y la disciplina. Al gestionar el FOMO y el FUD de forma eficaz, los traders pueden tomar decisiones racionales basadas en un análisis sólido, reduciendo el impacto emocional en su rendimiento comercial.

CAPÍTULO VII
Técnicas Avanzadas de Trading

Trading de margen y apalancamiento

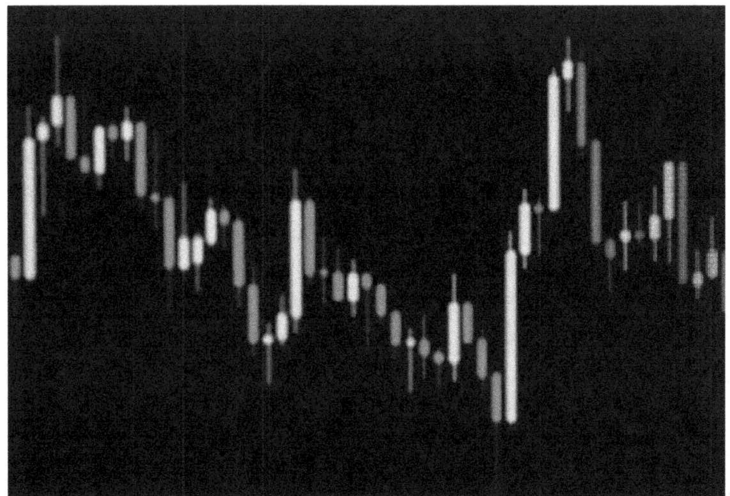

El trading de margen y el apalancamiento son prácticas estándar en los mercados financieros que permiten a los traders amplificar sus rendimientos potenciales tomando prestados fondos para aumentar sus posiciones de trading. Si bien el trading de margen y el apalancamiento ofrecen la oportunidad de obtener mayores ganancias, también conllevan mayores riesgos. Esta sección explora el concepto de trading con margen, el papel del apalancamiento, los beneficios y los riesgos potenciales asociados con estas prácticas.

El trading con margen es una práctica que permite a los traders operar con posiciones más grandes que su capital disponible tomando prestados fondos de un exchange o bróker. Consiste en depositar una parte del valor total de la operación, conocido como margen, mientras que el corredor proporciona los fondos restantes. Este acuerdo permite a los traders obtener exposición a posiciones más grandes y aumentar sus ganancias.

En el trading con margen, el apalancamiento juega un papel crucial. El apalancamiento es el factor de multiplicación que determina el tamaño de la posición de un trader. Por ejemplo, con un ratio de apalancamiento de 10:1, los traders pueden controlar una posición diez veces mayor que su capital inicial.

El apalancamiento es un componente clave del trading con margen, ya que permite a los traders amplificar sus beneficios potenciales utilizando fondos prestados. Sin embargo, es esencial entender que el apalancamiento también amplifica las pérdidas potenciales. Al utilizar el apalancamiento, los traders pueden experimentar ganancias y pérdidas más significativas que las posiciones no apalancadas.

El apalancamiento se expresa como una proporción, como 10:1 o 100:1. La relación indica el múltiplo por el cual se amplifica la posición de un trader. Por ejemplo, con una relación de apalancamiento de 10:1, cada dólar del capital del trader le permite controlar $10 en el mercado.

El trading de margen y el apalancamiento ofrecen varios beneficios para los traders que buscan maximizar su potencial de trading.

En primer lugar, el trading con margen permite a los traders amplificar sus beneficios. Al controlar posiciones más grandes con fondos prestados, los operadores pueden generar mayores rendimientos cuando sus operaciones tienen éxito.

En segundo lugar, el trading con margen proporciona una mayor exposición al mercado. Los traders pueden participar en movimientos de mercado más grandes y significativos con una inversión inicial más pequeña. Esto les permite capitalizar oportunidades de mercado que de otro modo podrían haber sido inaccesibles.

Además, el trading con margen permite a los traders diversificar sus carteras. Con el apalancamiento, los traders pueden asignar capital entre diferentes mercados, sectores o clases de activos. Esta diversificación distribuye el riesgo y potencialmente mejora el rendimiento general de la cartera.
Si bien el trading con margen y el apalancamiento ofrecen beneficios, también conllevan riesgos inherentes que los traders deben considerar.

Uno de los principales riesgos es la posibilidad de que aumenten las pérdidas. Dado que el apalancamiento amplifica tanto las ganancias como las pérdidas, una operación que se mueve en contra del operador puede resultar en importantes reveses financieros. Las pérdidas pueden exceder la inversión inicial, lo que lleva a pérdidas financieras sustanciales.

Las llamadas de margen y la liquidación son riesgos adicionales asociados con el trading de margen. Si una operación apalancada se mueve en contra del trader hasta cierto punto, puede desencadenar una llamada de margen. El operador debe agregar más fondos a la cuenta para mantener la posición. El incumplimiento de la llamada de margen puede dar lugar a la liquidación de la posición por parte del corredor o la bolsa, lo que resulta en pérdidas sustanciales.

Por último, las posiciones apalancadas son especialmente vulnerables a la volatilidad del mercado. Las fluctuaciones bruscas de los precios pueden provocar pérdidas rápidas y significativas, especialmente si las estrategias de gestión de riesgos no se aplican adecuadamente.

El trading de margen y el apalancamiento son herramientas poderosas que permiten a los traders amplificar sus ganancias potenciales y obtener exposición a posiciones más grandes. Sin embargo, también conllevan mayores riesgos. Los traders deben tener precaución y gestionar cuidadosamente su riesgo cuando participan en operaciones con margen. Comprender los ratios de apalancamiento, establecer niveles adecuados de stop-loss e implementar estrategias de gestión de riesgos son esenciales para mitigar los riesgos potenciales. Al considerar tanto los beneficios como los riesgos, los traders pueden tomar decisiones informadas sobre si incorporar el trading de margen y el apalancamiento en sus estrategias de trading.

Vender en corto y beneficiarse de las caídas del mercado

La venta en corto es una estrategia empleada por los traders para beneficiarse de la caída de los precios en los mercados financieros. Si bien la mayoría de los inversores tienen como objetivo comprar barato y vender caro, la venta en corto implica la venta de activos prestados para recomprarlos a un precio más bajo, generando así ganancias a partir de las caídas del mercado. Esta sección explora el concepto de venta en corto, la mecánica involucrada, los beneficios y los riesgos potenciales asociados con esta estrategia.

La venta en corto es una técnica de trading que permite a los inversores beneficiarse de la caída de los precios. A diferencia de las estrategias de inversión tradicionales, la venta en corto implica la venta de activos prestados en lugar de propios. Aquí hay un vistazo más de cerca a cómo funciona la venta en corto:

En una venta corta, los traders toman prestados activos de un bróker u otro inversor para venderlos inmediatamente en el mercado. Los activos prestados pueden incluir acciones, bonos u otros instrumentos financieros.

El objetivo de la venta en corto es vender los activos prestados por más dinero del que valen y luego volver a comprarlos por menos. El beneficio del vendedor en corto se calcula como la diferencia entre los precios de venta y de compra.

La venta en corto ofrece varios beneficios a los traders, especialmente durante las recesiones del mercado.
La venta en corto permite a los traders beneficiarse de la caída de los mercados. Si bien la mayoría de las estrategias de inversión se basan en movimientos de precios alcistas, la venta en corto brinda la oportunidad de generar ganancias cuando los mercados experimentan caídas o tendencias bajistas. Esta capacidad de beneficiarse tanto de los mercados alcistas como bajistas mejora las oportunidades de trading y los rendimientos potenciales.

La venta en corto puede actuar como una herramienta de cobertura para los inversores que buscan gestionar el riesgo. Al tomar posiciones cortas, los traders pueden compensar las pérdidas potenciales en sus posiciones largas, reduciendo así el riesgo general de la cartera. Esta estrategia puede ser particularmente valiosa durante períodos de incertidumbre del mercado, cuando aumenta el potencial de caídas del mercado.

La venta en corto proporciona a los traders flexibilidad adicional y oportunidades de diversificación. Al incorporar posiciones cortas, los traders pueden beneficiarse tanto de los mercados alcistas como de los bajistas, ampliando su capacidad para generar rendimientos en diversas condiciones del mercado. Esta flexibilidad permite a los operadores adaptarse a la dinámica cambiante del mercado y aprovechar las diferentes oportunidades de inversión.

Si bien la venta en corto ofrece beneficios, también conlleva ciertos riesgos que los traders deben considerar. Uno de los principales riesgos de la venta en corto es la posibilidad de pérdidas ilimitadas. Si el precio de los activos prestados aumenta significativamente, los vendedores en corto pueden verse obligados a recomprar los activos a un precio más alto, lo que resulta en pérdidas sustanciales. Por lo tanto, una gestión cuidadosa del riesgo y el uso de órdenes de stop-loss son esenciales cuando se realiza una venta en corto. Los traders deben monitorear sus posiciones de cerca para minimizar las pérdidas potenciales y proteger su capital.

Las ventas en corto suelen implicar cuentas de margen, que requieren que los traders mantengan un cierto nivel de garantía en sus cuentas. Si el valor de los activos en corto aumenta significativamente, puede desencadenar una llamada de margen, lo que requiere que los traders proporcionen fondos o activos adicionales como garantía. El incumplimiento de una llamada de margen puede dar lugar a la liquidación forzosa de posiciones y a pérdidas financieras significativas. Los traders deben monitorear cuidadosamente sus requisitos de margen y asegurarse de que tienen suficiente capital para cubrir posibles pérdidas.

La venta en corto se basa en predecir con precisión las caídas del mercado y en cronometrar los puntos de entrada y salida de las operaciones. El momento del mercado es un reto, y los vendedores en corto pueden experimentar pérdidas si entran en posiciones demasiado pronto o salen demasiado tarde. Además, los eventos inesperados del mercado o las reversiones repentinas pueden conducir a una volatilidad significativa de los precios, lo que hace que la venta en corto sea una estrategia más desafiante. Los traders deben realizar un análisis exhaustivo del mercado y mantenerse actualizados sobre noticias y eventos relevantes que podrían afectar los precios de los activos.

Oportunidades de arbitraje en el mercado de criptomonedas

Para obtener beneficios, los traders suelen utilizar el concepto de arbitraje, que consiste en aprovechar las diferencias de precios entre los mercados. Con su alta volatilidad y numerosos intercambios, el mercado de criptomonedas presenta un terreno fértil para las oportunidades de arbitraje. Esta sección explora el concepto de arbitraje, su aplicación en el mercado de criptomonedas, los beneficios y los riesgos potenciales asociados con esta estrategia.

El arbitraje es la compra y venta simultánea de activos o valores en diferentes mercados para beneficiarse de los diferenciales de precios. El objetivo es explotar los desequilibrios temporales de precios, aprovechando las diferencias de precios del mercado. Esta estrategia se basa en el principio de comprar barato y vender caro, aunque en diferentes plataformas o exchanges.

Para ejecutar operaciones de arbitraje, los traders monitorean de cerca los precios de criptomonedas específicas en múltiples exchanges. Cuando identifican una diferencia de precio significativa, explotan la oportunidad comprando simultáneamente el activo al precio más bajo y vendiéndolo al precio más alto. El beneficio se obtiene a partir del diferencial de precios.

El mercado de las criptomonedas es conocido por su alta volatilidad y la existencia de numerosos exchanges, lo que crea un terreno fértil para las oportunidades de arbitraje. Los traders pueden explotar diferentes tipos de arbitraje para generar beneficios:

El arbitraje entre exchanges implica capitalizar las diferencias de precios entre los diferentes exchanges de criptomonedas. Una criptomoneda se puede comprar por una cantidad menor en un exchange y luego venderse por una cantidad mayor en otro, lo que permite a los comerciantes beneficiarse de la diferencia de precio. Este tipo de arbitraje se basa en las ineficiencias y los diferentes niveles de liquidez entre los diferentes exchanges.

El arbitraje intrabursátil se centra en aprovechar las discrepancias de precios dentro de un mismo exchange. Estas discrepancias pueden ocurrir debido a diferencias en la liquidez o los volúmenes de trading entre los diferentes pares de trading. Los traders pueden explotar estas diferencias comprando activos de bajo precio y vendiéndolos a precios más altos dentro del mismo exchange, maximizando sus ganancias.

El arbitraje triangular implica aprovechar las diferenciasde precios entre tres criptomonedas diferentes. Los traders explotan las relaciones de precios entre las tres monedas para generar ganancias. Al ejecutar una serie de operaciones en múltiples exchanges, pueden capitalizar los diferenciales de precios entre las monedas involucradas. Esta estrategia requiere un tiempo y una ejecución precisos para capturar las oportunidades fugaces en el mercado.

El arbitraje ofrece varios beneficios para los comerciantes en el mercado de criptomonedas.

En primer lugar, el arbitraje permite a los traders generar beneficios constantes aprovechando las discrepancias de precios. Con una ejecución rápida y una gestión de riesgos adecuada, los traders pueden aprovechar estas oportunidades para acumular ganancias independientemente de la tendencia general del mercado.

En segundo lugar, las actividades de arbitraje contribuyen a la eficiencia del mercado. A medida que los traders explotan las discrepancias de precios, ayudan a alinear los precios en los diferentes exchanges. Esta alineación reduce las diferencias de precios y mejora la eficiencia general del mercado, beneficiando a todos los participantes del mercado.

Por último, el arbitraje permite a los traders diversificar su exposición al riesgo. Al participar en múltiples mercados simultáneamente, los traders pueden distribuir sus inversiones en diferentes exchanges y pares de trading, lo que reduce el impacto de las fluctuaciones individuales del mercado y reduce potencialmente el riesgo general de la cartera.

Si bien el arbitraje ofrece beneficios, también conlleva ciertos riesgos que los traders deben considerar.

Los riesgos de ejecución y tiempo son factores importantes en el arbitraje. La velocidad de procesamiento de las transacciones, los retrasos en la red y la liquidez del mercado pueden afectar a la capacidad de ejecutar operaciones con éxito. Los retrasos o los problemas técnicos pueden dar lugar a la pérdida de oportunidades o a una reducción de la rentabilidad.

La volatilidad del mercado es otro riesgo en el arbitraje. Los mercados de criptomonedas son volátiles, lo que puede aumentar el riesgo de arbitraje. Las fluctuaciones de precios pueden reducir o eliminar las discrepancias de precios antes de que se puedan ejecutar las operaciones, lo que reduce las ganancias potenciales o incluso conduce a pérdidas.

Los riesgos de contraparte y de cambio también son consideraciones importantes. El arbitraje implica operar en diferentes bolsas, cada una con su propio conjunto de riesgos. Los traders deben tener en cuenta el riesgo de contraparte, las medidas de seguridad, el cumplimiento normativo y la liquidez a la hora de seleccionar los exchanges. Elegir bolsas de buena reputación y bien establecidas puede ayudar a minimizar los riesgos de contraparte.

Trading de opciones y derivados

Los derivados se utilizan en el conocido método de inversión de negociación de opciones. Un activo subyacente, como acciones, bonos o materias primas, es lo que da valor a los instrumentos financieros conocidos como derivados. Esta sección explora el concepto de negociación de opciones, la mecánica involucrada, los beneficios y los riesgos potenciales asociados con los derivados.

Un tipo de técnica financiera llamada trading de opciones da a los traders la opción, pero no el deber, de comprar o vender un fondo subyacente a un precio determinado dentro de un marco de tiempo predeterminado. Estos derechos se transmiten a través de contratos financieros conocidos como opciones. Al comprender la mecánica del trading de opciones, los traders pueden tomar decisiones informadas y potencialmente mejorar sus estrategias de trading.

Los contratos de opciones vienen en dos formas: opciones de compra y opciones de venta. El derecho a comprar el activo subyacente a un precio definido, conocido como precio de ejercicio, dentro de un plazo determinado se concede al titular de una opción de compra. Una opción de venta, por otro lado, otorga al titular la capacidad de vender el activo subyacente al precio de ejercicio dentro del marco de tiempo predeterminado.

Las opciones se negocian en el mercado y los operadores pagan una prima para adquirir estos contratos. La prima representa el costo de mantener la opción y está influenciada por factores como el precio del activo subyacente, el tiempo hasta el vencimiento y la volatilidad del mercado. Las opciones tienen fechas de vencimiento, después de las cuales dejan de ser válidas.

El comercio de opciones y derivados ofrece varios beneficios para los operadores e inversores, brindándoles oportunidades y ventajas únicas.

En primer lugar, el trading de opciones permite a los traders apalancar su capital. Con una inversión relativamente pequeña, los traders pueden controlar una posición más grande en el activo subyacente. Este apalancamiento proporciona el potencial de obtener rendimientos amplificados, lo que permite a los operadores maximizar su potencial de ganancias.

En segundo lugar, se pueden utilizar opciones para la gestión de riesgos. Los traders pueden emplear estrategias como la compra de opciones de venta o la creación de spreads de opciones para protegerse contra posibles riesgos a la baja. Estas estrategias proporcionan un nivel de seguro y pueden actuar como cobertura contra movimientos adversos de precios.

En tercer lugar, el trading de opciones ofrece flexibilidad y versatilidad. Los contratos de opciones con una variedad de precios de ejercicio y períodos de vencimiento están disponibles para los operadores. Esta flexibilidad permite a los operadores adaptar sus operaciones a las expectativas específicas del mercado y a los objetivos de inversión. Ya sea que anticipen condiciones de mercado alcistas o bajistas, las opciones brindan a los operadores las herramientas para obtener ganancias en varios escenarios de mercado.

Si bien el comercio de opciones y derivados ofrece beneficios, los operadores deben ser conscientes de los riesgos potenciales involucrados.

Uno de los principales riesgos es el plazo limitado asociado a los contratos de opciones. Las opciones tienen fechas de vencimiento y su valor disminuye a medida que se acercan al vencimiento. Los traders deben predecir con precisión el momento de los movimientos de precios para beneficiarse de sus operaciones de opciones. Si no lo hace, puede perder la totalidad de la prima pagada.

La volatilidad del mercado es otro riesgo a tener en cuenta. Las opciones son sensibles a los cambios en la volatilidad del mercado. La alta volatilidad puede provocar mayores oscilaciones de precios y una mayor incertidumbre, lo que afecta al valor de las opciones. Los traders deben estar preparados para las fluctuaciones del mercado y ser capaces de adaptar sus estrategias en consecuencia.

Además, el trading de opciones requiere una sólida comprensión de los derivados y su mecánica. Las complejidades involucradas en los precios de las opciones, las estrategias y el uso de plataformas de negociación pueden ser un desafío para los operadores novatos. Es crucial tener un conocimiento exhaustivo de las opciones y una experiencia comercial adecuada antes de participar en el comercio de opciones.

CAPÍTULO VIII

Seguridad y Mejores Prácticas

Proteger sus activos de criptomonedas

A medida que el uso de criptomonedas se generaliza, se vuelve cada vez más importante que los inversores prioricen la seguridad de sus activos digitales. A diferencia de los sistemas financieros tradicionales, las criptomonedas operan en un entorno descentralizado y digital, lo que las hace susceptibles a diversos riesgos de seguridad. Esta sección explora la importancia de proteger los activos de criptomonedas, los riesgos de seguridad comunes involucrados y las estrategias para proteger la riqueza digital.

Asegurar los activos de criptomonedas es crucial por varias razones. En primer lugar, protege las tenencias financieras de los inversores contra robos, pérdidas o accesos no autorizados. A medida que las criptomonedas se vuelven más valiosas, se convierten en objetivos atractivos para los piratas informáticos y los ciberdelincuentes. Las medidas de seguridad adecuadas ayudan a protegerse contra tales amenazas.

En segundo lugar, la protección de los activos de criptomonedas contribuye a la seguridad personal. Las claves privadas y los códigos de acceso necesarios para administrar billeteras digitales y ejecutar transacciones deben estar protegidos para evitar el acceso no autorizado. Al priorizar la seguridad, los inversores reducen el riesgo de robo de identidad, fraude y pérdidas financieras.

Por último, las sólidas medidas de seguridad promueven la confianza en el ecosistema de las criptomonedas. Cuando los inversores se sienten seguros en sus tenencias digitales, es más probable que participen activamente en el mercado, lo que lleva a una mayor adopción y crecimiento de la industria de las criptomonedas en general.

Comprender los riesgos de seguridad comunes es esencial para desarrollar una estrategia eficaz para proteger los activos de criptomonedas. Los ataques de piratería y phishing son frecuentes en el espacio de las criptomonedas. Los ciberdelincuentes emplean diversas técnicas, como malware, correos electrónicos de phishing y sitios web falsos, para robar claves privadas y obtener acceso a las billeteras digitales de los usuarios. Estos ataques pueden resultar en pérdidas financieras significativas si no se implementan las medidas de seguridad adecuadas.

Los exchanges de criptomonedas centralizados plantean riesgos debido a su dependencia de un único punto de fallo. Los piratas informáticos se dirigen a los exchanges para obtener acceso no autorizado a los fondos de los usuarios. Las brechas en la infraestructura de seguridad, las vulnerabilidades en el software de intercambio o los ataques internos pueden provocar pérdidas sustanciales. Los inversores deben investigar y elegir exchanges seguros y de buena reputación para el comercio y el almacenamiento.

Además, el error humano es una causa común de violaciones de seguridad en el espacio de las criptomonedas. Los activos digitales pueden perderse como resultado de errores como la pérdida de claves privadas, el uso de contraseñas débiles o la caída en estafas de ingeniería social. Para minimizar los riesgos que plantea el error humano, la educación y el cumplimiento de las prácticas estándar son cruciales. Para proteger los activos de criptomonedas, los inversores pueden emplear varias estrategias. En primer lugar, el uso de billeteras seguras es fundamental para salvaguardar los activos digitales. Las billeteras de hardware como Ledger o Trezor ofrecen almacenamiento y cifrado sin conexión, lo que reduce el riesgo de acceso no autorizado. Las billeteras frías, que no están conectadas a Internet, brindan una capa adicional de protección contra las amenazas en línea.

Habilitar la autenticación de dos factores (2FA) agrega una capa adicional de seguridad a las cuentas de criptomonedas. Al solicitar una segunda forma de identificación a los usuarios, como un código especial creado por una aplicación de autenticación u obtenido a través de SMS, el riesgo de acceso no deseado se reduce significativamente.

Actualizar regularmente el software y las billeteras de criptomonedas es crucial. Los desarrolladores lanzan actualizaciones que a menudo incluyen parches de seguridad y correcciones de errores. Al mantener el software actualizado, los inversores pueden asegurarse de que sus billeteras y sistemas tengan las últimas mejoras de seguridad.

Crear contraseñas seguras y únicas es esencial. Una contraseña segura debe combinar letras, números y caracteres especiales. Es esencial evitar el uso de información fácil de adivinar o la reutilización de contraseñas en múltiples plataformas.

Asegurar los activos de criptomonedas es de suma importancia en la era digital. Al comprender los riesgos involucrados e implementar las medidas de seguridad adecuadas, los inversores pueden proteger su patrimonio digital contra robos, pérdidas y accesos no autorizados. Estrategias como el uso de billeteras seguras, la habilitación de la autenticación de dos factores, el mantenimiento del software actualizado y el uso de contraseñas seguras contribuyen a una postura de seguridad sólida. A medida que el mercado de las criptomonedas continúa evolucionando, priorizar la seguridad es vital para garantizar la participación segura y exitosa en este panorama financiero transformador.

Elegir intercambios de criptomonedas confiables

Los exchanges de criptomonedas sirven como plataformas vitales para comprar, vender e intercambiar activos digitales. Con la proliferación de las criptomonedas, se vuelve esencial que los inversores elijan intercambios confiables que brinden servicios seguros y transparentes. Esta sección explora la importancia de seleccionar exchanges de criptomonedas confiables, los factores clave a considerar al evaluar los exchanges y las estrategias para identificar plataformas confiables.

Elegir intercambios de criptomonedas confiables es crucial por varias razones. En primer lugar, los exchanges fiables ofrecen un entorno seguro para almacenar y comerciar con activos digitales. Las brechas de seguridad y los incidentes de piratería en criptomonedas resaltan la importancia de confiar fondos a plataformas de buena reputación. Los exchanges confiables priorizan las medidas de seguridad, como la autenticación de dos factores, el almacenamiento en frío y el cifrado sólido, para proteger los activos de los usuarios del acceso no autorizado.

En segundo lugar, los exchanges confiables se adhieren a los estándares de cumplimiento normativo. El cumplimiento de las regulaciones pertinentes y los requisitos de licencia es indicativo del compromiso de un exchange con la transparencia y la protección del usuario. Las medidas de cumplimiento, incluidas las políticas de Conozca a su cliente (KYC) y contra el lavado de dinero (AML), ayudan a prevenir actividades ilícitas y promueven un entorno comercial más seguro.

Por último, los exchanges fiables ofrecen liquidez y una amplia gama de opciones de trading. La alta liquidez garantiza que los usuarios puedan comprar y vender activos fácilmente sin un deslizamiento significativo de los precios. Además, los exchanges confiables brindan acceso a varios pares comerciales, lo que permite a los inversores diversificar sus carteras y capitalizar diferentes oportunidades de mercado.

Se deben considerar varios factores clave al evaluar la confiabilidad de los intercambios de criptomonedas:

Un exchange confiable prioriza las medidas de seguridad para proteger los fondos de los usuarios. Busque exchanges que implementen un cifrado sólido, autenticación de dos factores, almacenamiento en frío para los activos de los usuarios y auditorías de seguridad periódicas. Además, compruebe si el exchange tiene un historial sólido de gestión de incidentes de seguridad y de abordar con prontitud cualquier infracción.

Los exchanges que operan de conformidad con las regulaciones aplicables y los requisitos de licencia demuestran un compromiso con la transparencia y la protección del usuario. Investigue la jurisdicción y el marco regulatorio bajo el que opera el exchange para asegurarse de que cumple con los estándares legales necesarios.

Tenga en cuenta la reputación y el rendimiento del intercambio en el mundo de las criptomonedas. Busque reseñas y comentarios de los usuarios en plataformas, canales de redes sociales y foros. Evalúe el historial del exchange, incluida su duración de operación, los volúmenes de negociación y cualquier incidente o controversia notable.

Los exchanges confiables brindan un excelente soporte al usuario y ofrecen una experiencia comercial perfecta. Busque intercambios con equipos de atención al cliente receptivos que puedan abordar cualquier problema o consulta con prontitud. Además, tenga en cuenta la interfaz de usuario, la facilidad de configuración de la cuenta y la disponibilidad de recursos educativos para garantizar una experiencia fácil de usar.

Para identificar intercambios de criptomonedas confiables, considere las siguientes estrategias:

Investigue a fondo y lleve a cabo la debida diligencia sobre posibles intercambios. Explore sus sitios web, revise sus medidas y políticas de seguridad y evalúe su cumplimiento normativo. Busque auditorías independientes y certificaciones de terceros que validen las prácticas de seguridad del exchange.

Preste atención a la reputación y los comentarios de la comunidad de criptomonedas. Interactúa con otros usuarios, únete a foros relevantes y busca opiniones de fuentes confiables. Los comentarios de la comunidad pueden proporcionar información valiosa sobre la fiabilidad y la experiencia del usuario de un exchange.

Los intercambios que han obtenido el reconocimiento de la industria y han establecido asociaciones con instituciones de renombre demuestran credibilidad. Busque exchanges que hayan recibido premios, asegurado asociaciones con instituciones financieras establecidas o colaborado con proyectos de blockchain de buena reputación.

Elegir intercambios de criptomonedas confiables es crucial para la seguridad y el éxito de los inversores en criptomonedas. Los exchanges fiables ofrecen un almacenamiento seguro, cumplimiento normativo, liquidez y una experiencia de usuario positiva. A la hora de evaluar los exchanges, hay que tener en cuenta factores como las medidas de seguridad, el cumplimiento de la normativa, la reputación y la asistencia a los usuarios. Realice una investigación exhaustiva, busque comentarios de la comunidad y evalúe el reconocimiento de la industria para identificar plataformas confiables. Al seleccionar exchanges de buena reputación, los inversores pueden navegar con confianza por el mercado de criptomonedas y garantizar la seguridad de sus activos digitales.

Importancia de la autenticación de dos factores y el almacenamiento en frío

A medida que el uso de criptomonedas se generaliza, garantizar la seguridad de los activos digitales se ha vuelto primordial. La autenticación de dos factores y el almacenamiento en frío son dos medidas esenciales que pueden mejorar significativamente la seguridad de las tenencias de criptomonedas. Esta sección explora la importancia de la autenticación de dos factores y el almacenamiento en frío, sus funciones en la seguridad de los activos digitales y los beneficios que ofrecen a los inversores en criptomonedas.

Las cuentas en línea, incluidos los intercambios y billeteras de criptomonedas, están protegidas por la autenticación de dos factores (2FA), que es un mecanismo de seguridad. La 2FA mejora la seguridad de las cuentas de las siguientes maneras, obligando a los usuarios a presentar dos formas de identificación para demostrar su identidad antes de acceder a sus cuentas: En

primer lugar, la 2FA proporciona protección contra el acceso no autorizado. Incluso si una persona malintencionada logra obtener la contraseña de la cuenta, aún necesitaría el segundo factor, que a menudo es un código único generado por una aplicación de autenticación o recibido por SMS, para obtener acceso. Esta capa adicional de seguridad actúa como un poderoso elemento disuasorio contra los intentos de piratería informática y los intentos de inicio de sesión no autorizados.

En segundo lugar, la 2FA mitiga los riesgos asociados con los ataques de phishing e ingeniería social. Estos ataques son técnicas comunes utilizadas por los ciberdelincuentes para engañar a los usuarios para que revelen sus credenciales de inicio de sesión. Con 2FA, incluso si un usuario proporciona sin saberlo su contraseña a un sitio web de phishing o es víctima de un esquema de ingeniería social, el segundo factor actúa como una barrera, evitando el acceso no autorizado a la cuenta. Esta salvaguarda ayuda a proteger los activos digitales de los usuarios para que no se vean comprometidos.

Por último, la 2FA mejora la seguridad de la cuenta al proporcionar un nivel adicional de seguridad. Esta medida de seguridad es particularmente importante para aquellos que almacenan cantidades significativas de activos digitales o participan en actividades comerciales frecuentes. Brinda tranquilidad, sabiendo que sus cuentas están fortalecidas con una capa adicional de protección contra posibles amenazas.

El almacenamiento en frío es la práctica de almacenar activos de criptomonedas fuera de línea, lejos de los dispositivos conectados a Internet. Implica el uso de billeteras de hardware u otros dispositivos de almacenamiento físico que almacenan de forma segura las claves privadas y permiten las transacciones fuera de línea. El almacenamiento en frío desempeña un papel crucial en la protección de los activos digitales de las siguientes maneras:

En primer lugar, el almacenamiento en frío ofrece una sólida protección contra las amenazas en línea. Dado que las claves privadas se almacenan fuera de línea y lejos de los dispositivos conectados a Internet, no son vulnerables a los intentos de piratería remota ni a las infecciones de malware. Este aislamiento de las amenazas en línea

reduce significativamente el riesgo de acceso no
autorizado y robo de activos, lo que proporciona una
mayor seguridad para las tenencias de criptomonedas.

En segundo lugar, el almacenamiento en frío mitiga los
riesgos asociados con el almacenamiento de activos en
los exchanges. Los exchanges centralizados son objetivos
atractivos para los hackers, ya que representan un único
punto de fallo. Al utilizar el almacenamiento en frío, los
inversores en criptomonedas pueden mantener el control
sobre sus claves privadas y eliminar la necesidad de
almacenar activos en los exchanges, lo que reduce el
riesgo de perder fondos debido a hackeos de exchanges
o violaciones de seguridad.

Por último, el almacenamiento en frío es especialmente
beneficioso para la conservación de activos a largo plazo.
Los inversores que planean mantener sus criptomonedas
durante un período prolongado pueden almacenar de
forma segura sus activos fuera de línea, lo que reduce la
exposición a posibles vulnerabilidades de seguridad. Este
enfoque garantiza que sus activos permanezcan seguros,
a pesar de la evolución de las amenazas cibernéticas o los
avances tecnológicos.

No se puede exagerar la importancia de la autenticación
de dos factores y el almacenamiento en frío para proteger
los activos de criptomonedas. La autenticación de dos
factores agrega un grado adicional de protección contra
el acceso no autorizado, los ataques de phishing y los
intentos de ingeniería social. El almacenamiento en frío
protege los activos digitales al mantener las claves
privadas fuera de línea y alejadas de las amenazas en
línea. Al implementar estas medidas de seguridad, los
inversores en criptomonedas mejoran la seguridad de sus
tenencias, reducen el riesgo de robo de activos y obtienen
una mayor tranquilidad. La adopción de la autenticación

de dos factores y el almacenamiento en frío es un paso proactivo para mantener la seguridad y la integridad de los activos digitales en un panorama digital cada vez más complejo.

Evitar estafas y esquemas fraudulentos

A medida que el uso de criptomonedas se generaliza, también lo hace el riesgo de estafas y esquemas fraudulentos dirigidos a inversores desprevenidos. Los entusiastas de las criptomonedas deben informarse sobre los tipos comunes de estafas y tomar medidas proactivas para proteger sus inversiones. Esta sección explora la importancia de evitar estafas y esquemas fraudulentos, las tácticas comunes utilizadas por los estafadores y las estrategias para protegerse contra estas prácticas engañosas.

Evitar estafas y esquemas fraudulentos es de suma importancia por varias razones. En primer lugar, ser víctima de una estafa puede resultar en una pérdida financiera significativa. Los estafadores a menudo prometen rendimientos poco realistas u oportunidades de inversión que suenan demasiado buenas para ser verdad. Al aprovecharse de la codicia o el miedo, explotan el deseo de las personas de obtener ganancias rápidas, perdiendo el dinero que tanto les costó ganar.

En segundo lugar, las estafas y los esquemas fraudulentos pueden dañar la reputación de las criptomonedas en su conjunto. Los casos de fraude de alto perfil socavan la confianza en la industria de las criptomonedas, lo que podría disuadir a nuevos inversores y obstaculizar su adopción generalizada. Protegerse y concienciar sobre las estafas contribuye a la integridad y legitimidad general de las criptomonedas. Comprender las tácticas comunes utilizadas por los estafadores es crucial para reconocer y evitar posibles estafas. Las siguientes son algunas de las tácticas más frecuentes empleadas por los estafadores:

Los esquemas Ponzi y piramidales prometen altos rendimientos a través de inversiones y referencias. Estos esquemas se basan en la contratación de nuevos participantes para pagar rendimientos a los inversores anteriores, creando una operación insostenible y fraudulenta. Eventualmente, el esquema colapsa cuando los nuevos inversores ya no están disponibles y los inversores pierden su dinero.

Los estafadores pueden crear ICO falsas, ofreciendo nuevas criptomonedas a los inversores. Estas ICO falsas imitan proyectos legítimos con un documento técnico, un sitio web y materiales promocionales. Sin embargo, una vez que se recaudan los fondos, los estafadores desaparecen, dejando a los inversores con tokens sin valor.

Los ataques de phishing incluyen intentos fraudulentos de obtener información confidencial, como credenciales de inicio de sesión o claves privadas, haciéndose pasar por plataformas o personas legítimas. Los estafadores pueden enviar correos electrónicos de phishing o crear sitios web falsos que imitan a exchanges populares o proveedores de billeteras. Los ataques de malware, por otro lado, incluyen el uso de software malicioso para obtener acceso no autorizado a los dispositivos de los usuarios y robar sus tenencias de criptomonedas.

Para protegerse de estafas y esquemas fraudulentos, los inversores en criptomonedas pueden adoptar varias estrategias:

Investigue a fondo cualquier oportunidad o proyecto de inversión antes de comprometer fondos. Investigue al equipo detrás del proyecto, revise el documento técnico y evalúe la viabilidad del modelo de negocio. Busque transparencia, casos de uso del mundo real y participación de la comunidad. Además, verifique la autenticidad de los sitios web y plataformas antes de compartir información confidencial o realizar inversiones. Esté atento a las oportunidades de inversión que emplean estrategias de marketing agresivas o prometen altos rendimientos. Recuerde que invertir en criptomonedas implica riesgos, y las inversiones genuinas no garantizan el éxito de la noche a la mañana. Si una oportunidad suena demasiado buena para ser verdad, es probable que lo sea.

Tome precauciones para proteger la información personal y asegurar los activos digitales. Tenga cuidado al compartir información confidencial en línea y use contraseñas de cuenta seguras y únicas. Habilite la autenticación de dos factores siempre que sea posible y considere el uso de billeteras de hardware o almacenamiento en frío para el almacenamiento fuera de línea de las tenencias de criptomonedas.

Manténgase al día con la información más reciente, las tendencias y los posibles fraudes en el sector de las criptomonedas. Siga fuentes de información confiables e interactúe con la comunidad de criptomonedas para mantenerse informado. Busque el asesoramiento de expertos o profesionales de confianza antes de tomar decisiones de inversión.

CAPÍTULO IX

Mantenerse al día con el mercado

Mantenerse informado sobre las tendencias y desarrollos del mercado

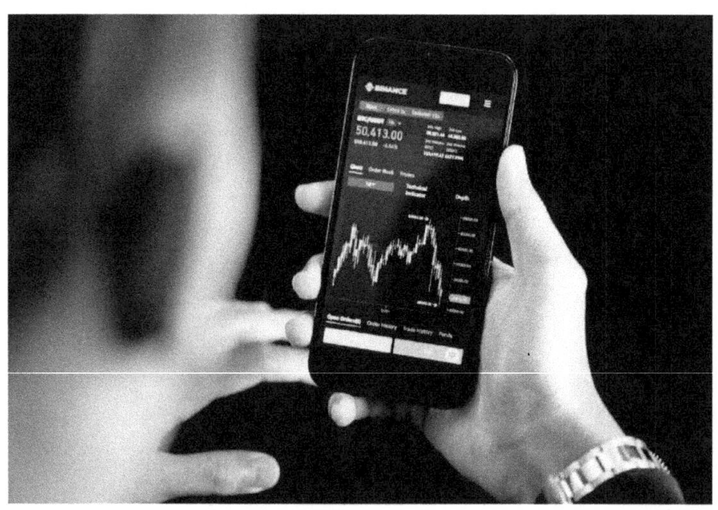

En el vertiginoso mundo de las criptomonedas, mantenerse informado sobre las tendencias y desarrollos del mercado es crucial para los inversores que buscan tomar decisiones informadas y navegar por el dinámico panorama. Con la rápida evolución y volatilidad del mercado de criptomonedas, mantenerse al día con las últimas tendencias, noticias y desarrollos garantiza que los inversores se mantengan a la vanguardia y aprovechen las oportunidades. Esta sección explora la importancia de mantenerse informado, las estrategias
para mantenerse actualizado sobre las tendencias del

mercado y los beneficios de estar bien informado en la inversión en criptomonedas.

Mantenerse informado sobre las tendencias y desarrollos del mercado es esencial por varias razones. En primer lugar, ayuda a los inversores a tomar decisiones informadas. Pueden identificar oportunidades emergentes, evaluar riesgos y tomar decisiones estratégicas de inversión manteniéndose actualizados sobre las tendencias del mercado. Estar bien informado permite a los inversores reaccionar rápidamente a los cambios del mercado y ajustar sus posiciones en consecuencia, maximizando los rendimientos potenciales. En segundo lugar, mantenerse informado reduce el riesgo de perder oportunidades. Los mercados de criptomonedas son muy volátiles y las tendencias pueden cambiar rápidamente. Al mantenerse al tanto de los desarrollos del mercado, los inversores pueden identificar áreas de crecimiento potencial, próximas ofertas iniciales de monedas (ICO) y proyectos prometedores en una etapa temprana. Esta conciencia temprana les permite participar en oportunidades potencialmente lucrativas antes de que se conozcan ampliamente.

Por último, mantenerse informado fomenta una comprensión más profunda del ecosistema de las criptomonedas. Varios factores, incluidos los cambios regulatorios, los avances tecnológicos y el sentimiento del mercado, influyen en las criptomonedas. Los inversores obtienen información sobre el contexto más amplio y los factores que dan forma al mercado de las criptomonedas al mantenerse informados, lo que permite una toma de decisiones más educada y completa.

Para mantenerse informados sobre las tendencias y desarrollos del mercado, los inversores pueden emplear varias estrategias:

Siga fuentes de noticias de buena reputación, sitios web específicos de criptomonedas y blogs que brinden información precisa y actualizada. Estas fuentes a menudo cubren las tendencias del mercado, las actualizaciones regulatorias, los avances tecnológicos y el desarrollo de proyectos. Leer regularmente artículos y análisis de fuentes confiables ayuda a los inversores a obtener información y mantenerse actualizados con los últimos acontecimientos en el espacio de las criptomonedas.

Participe en foros y comunidades en línea centrados en criptomonedas. Estas plataformas brindan oportunidades para discutir las tendencias del mercado, compartir ideas y aprender de otros inversores. Entablar conversaciones con personas de ideas afines puede ayudar a identificar tendencias emergentes, intercambiar conocimientos y obtener diferentes perspectivas sobre el mercado.

Siga a figuras influyentes, expertos de la industria y proyectos de criptomonedas de renombre en las plataformas de redes sociales. Twitter, Telegram y Reddit son canales populares para noticias, actualizaciones y debates. El monitoreo de estas plataformas permite a los inversores recibir información en tiempo real, interactuar con los líderes de la industria y mantenerse informados sobre los últimos desarrollos y tendencias.

Asiste a eventos y conferencias de la industria relacionados con las criptomonedas. Estas reuniones reúnen a expertos, líderes de opinión e innovadores en el campo. Los inversores obtienen información valiosa, escuchan actualizaciones de primera mano y participan en oportunidades de networking al participar en dichos eventos. Los eventos de la industria pueden proporcionar perspectivas únicas sobre las tendencias del mercado y facilitar las conexiones con los actores clave del ecosistema de las criptomonedas.

Estar bien informado sobre las tendencias y desarrollos del mercado ofrece varios beneficios a los inversores en criptomonedas:

Los inversores pueden tomar decisiones más informadas basadas en una comprensión más profunda de la dinámica del mercado manteniéndose informados. Pueden evaluar los riesgos y recompensas potenciales de diferentes oportunidades de inversión, adaptarse a las condiciones cambiantes del mercado y evitar la toma de decisiones impulsivas o emocionales.

Mantenerse informado permite a los inversores identificar las tendencias y oportunidades emergentes antes de que se conviertan en la corriente principal. El conocimiento temprano proporciona una ventaja competitiva, lo que permite a los inversores participar en proyectos prometedores, ICO o tendencias del mercado antes de que obtengan una atención generalizada.

Estar bien informado ayuda a los inversores a mitigar los riesgos. Al comprender las tendencias del mercado, los cambios normativos y los avances tecnológicos, los inversores pueden identificar posibles escollos y ajustar sus estrategias en consecuencia. Este enfoque proactivo ayuda a minimizar las pérdidas potenciales y a gestionar la exposición al riesgo de forma más eficaz.

Unirse a comunidades y foros de criptomonedas

En el mundo de las criptomonedas, que evoluciona rápidamente, unirse a comunidades y foros de criptomonedas es una estrategia valiosa para mantenerse informado, intercambiar ideas y establecer conexiones con personas de ideas afines. Estas comunidades proporcionan una plataforma para discusiones, intercambio de conocimientos y oportunidades de creación de redes dentro del ecosistema de criptomonedas. Esta sección explora la importancia de unirse a comunidades y foros de criptomonedas, los
beneficios que ofrecen y las estrategias para participar de manera efectiva en estas comunidades en línea.

Unirse a comunidades y foros de criptomonedas es esencial por varias razones. En primer lugar, permite a las personas mantenerse actualizadas sobre los últimos desarrollos y tendencias dentro de la industria de las criptomonedas. Estas comunidades sirven como un centro para el intercambio de información en tiempo real, donde los participantes discuten noticias, conocimientos del mercado, actualizaciones de proyectos y cambios regulatorios. Al unirse a estas comunidades, las personas pueden obtener información valiosa sobre el panorama siempre cambiante de las criptomonedas.

En segundo lugar, las comunidades y foros de criptomonedas fomentan el aprendizaje y el intercambio de conocimientos. Tanto los principiantes como los inversores experimentados pueden beneficiarse de los conocimientos y las experiencias que comparten los miembros de la comunidad. Los participantes pueden buscar consejos, hacer preguntas y participar en discusiones significativas, ampliando su comprensión de los temas de criptomonedas, como estrategias comerciales, avances tecnológicos y evaluaciones de proyectos.

En tercer lugar, estas comunidades proporcionan un entorno propicio para la creación de redes y la colaboración. Los participantes pueden formar asociaciones, compartir recursos y participar en proyectos colaborativos conectándose con personas de ideas afines. Las relaciones construidas dentro de estas comunidades pueden conducir a valiosas oportunidades, como posibles inversiones, empresas comerciales o avances profesionales dentro de la industria de las criptomonedas.

Unirse a comunidades y foros de criptomonedas ofrece varios beneficios a los participantes:

Las comunidades y foros de criptomonedas sirven como una valiosa fuente de información en tiempo real. Los miembros a menudo comparten noticias de última hora, análisis de mercado y actualizaciones de proyectos, lo que brinda a los participantes información actualizada. Este acceso a información en tiempo real puede ayudar a las personas a tomar decisiones informadas y mantenerse a la vanguardia de las tendencias del mercado.

Los participantes pueden mejorar su comprensión de las criptomonedas y temas relacionados participando en discusiones e interactuando con miembros expertos. Los principiantes pueden adquirir conocimientos básicos, mientras que las personas experimentadas pueden profundizar sus conocimientos. Aprender de las experiencias, ideas y estrategias de los demás contribuye al crecimiento personal y al desarrollo de habilidades.

Las comunidades y foros de criptomonedas reúnen a una amplia gama de personas, incluidos inversores, comerciantes, desarrolladores y entusiastas. Participar en estas comunidades permite a los participantes conectarse con profesionales y personas de ideas afines, ampliando su red dentro de la industria. Estas conexiones pueden dar lugar a colaboraciones, asociaciones y oportunidades de inversión rentables.

Unirse a las comunidades de criptomonedas proporciona un sentido de pertenencia y apoyo. Los participantes pueden conversar con otras personas que están familiarizadas con la dinámica particular del ámbito de las criptomonedas sobre sus experiencias, dificultades y logros. El apoyo y el estímulo de la comunidad fomentan el crecimiento personal, la resiliencia y la motivación para navegar por las complejidades de la industria.

Para aprovechar al máximo las comunidades y foros de criptomonedas, los participantes pueden seguir estas estrategias:

Seleccione comunidades y foros que se alineen con sus intereses, objetivos y áreas de enfoque personales dentro de la industria de las criptomonedas. Busque comunidades que tengan discusiones activas, miembros informados y un ambiente positivo e inclusivo. Participar en comunidades que se adaptan a intereses específicos, como el comercio, la tecnología blockchain o las comunidades específicas de proyectos, puede proporcionar información más específica y oportunidades de creación de redes.

Mantener un enfoque respetuoso y constructivo al participar en discusiones e interactuar con los miembros de la comunidad. Ten la mente abierta, valora las opiniones diversas y contribuye positivamente a la comunidad. La participación constructiva fomenta discusiones significativas, fomenta el intercambio de conocimientos y fortalece las relaciones dentro de la comunidad.

Toma un papel activo en la comunidad buscando conocimiento y compartiendo experiencias. Haga preguntas, busque consejos y contribuya con ideas basadas en experiencias personales. Al participar activamente y participar en las discusiones, las personas pueden establecerse como contribuyentes valiosos, mejorando aún más su reputación dentro de la comunidad.

Utilice las oportunidades de creación de redes que ofrecen las comunidades y foros de criptomonedas. Conéctese con profesionales, expertos y personas con intereses similares. Participe en conversaciones privadas, asista a reuniones virtuales y explore posibles colaboraciones. Establecer conexiones dentro de la comunidad puede abrir las puertas a nuevas oportunidades y ampliar las redes profesionales.

Siguiendo a figuras influyentes en el espacio de las criptomonedas

En el mundo dinámico y en rápida evolución de las criptomonedas, mantenerse actualizado e informado es crucial para los inversores. Una estrategia eficaz para obtener información, conocimiento del mercado y opiniones de expertos es seguir a figuras influyentes en el espacio de las criptomonedas. Estas personas, incluidos líderes de la industria, expertos y líderes de opinión, brindan perspectivas y análisis valiosos que pueden ayudar a los inversores a navegar por las complejidades del mercado de criptomonedas. Esta sección explora la importancia de seguir a figuras influyentes, los beneficios que ofrecen y las estrategias para aprovechar eficazmente su experiencia.

Seguir a figuras influyentes en el espacio de las criptomonedas es esencial por varias razones. En primer lugar, proporciona acceso a información y análisis de expertos. Las figuras influyentes a menudo poseen un profundo conocimiento y experiencia en criptomonedas y campos relacionados. Al seguir sus actualizaciones, los inversores pueden obtener información valiosa sobre las tendencias del mercado, los avances tecnológicos, los cambios regulatorios y las oportunidades de inversión. Estas opiniones de expertos pueden ayudar a los inversores a tomar decisiones más informadas y adelantarse a la evolución del mercado.

En segundo lugar, seguir a figuras influyentes permite a los inversores mantenerse actualizados sobre noticias de última hora y anuncios críticos. Estas personas a menudo tienen acceso temprano a la información y pueden proporcionar actualizaciones oportunas sobre desarrollos importantes de la industria. Al seguir sus canales o cuentas, los inversores pueden recibir actualizaciones en tiempo real, lo que les permite reaccionar con prontitud y tomar decisiones de inversión oportunas.

Por último, las figuras influyentes actúan como creadores de tendencias y líderes de opinión en criptomonedas. A menudo proporcionan contenido educativo, análisis que invitan a la reflexión y perspectivas con visión de futuro que dan forma a la industria. Al seguir estas cifras, los inversores pueden obtener una comprensión más profunda de las implicaciones más amplias de las criptomonedas, los avances tecnológicos y las posibles direcciones futuras del mercado.

Las siguientes figuras influyentes en el espacio de las criptomonedas ofrecen varios beneficios a los inversores:

Las figuras influyentes poseen un profundo conocimiento y experiencia en la industria de las criptomonedas. Al seguir sus conocimientos, los inversores pueden obtener valiosos análisis y opiniones de expertos sobre las tendencias del mercado, los proyectos y las estrategias de inversión. Este acceso a la información profesional puede dar a los inversores una ventaja competitiva en el mercado y permitirles tomar decisiones más informadas. Las figuras influyentes a menudo tienen acceso a información temprana y noticias de última hora dentro de la industria de las criptomonedas. Al seguir sus canales o cuentas, los inversores pueden recibir actualizaciones en tiempo real sobre cambios regulatorios, avances tecnológicos, desarrollos de proyectos y tendencias del mercado. Esta información oportuna permite a los inversores mantenerse a la vanguardia y capitalizar las oportunidades emergentes.

Las figuras influyentes a menudo comparten contenido educativo, artículos de liderazgo intelectual y trabajos de investigación que contribuyen a la comprensión general de las criptomonedas. Al seguir estas cifras, los inversores pueden ampliar sus conocimientos, obtener nuevas perspectivas y mejorar su comprensión del ecosistema de las criptomonedas.

Seguir a figuras influyentes abre las puertas a oportunidades de networking y colaboración. Estas personas a menudo asisten a eventos, conferencias y reuniones de la industria, lo que brinda oportunidades para que los inversores se conecten con líderes de la industria y personas de ideas afines. Interactuar con figuras influyentes y sus seguidores puede conducir a valiosas colaboraciones, asociaciones y acceso a una red más amplia dentro del espacio de las criptomonedas.

Para aprovechar eficazmente la experiencia de figuras influyentes en el espacio de las criptomonedas, los inversores pueden seguir estas estrategias:

Identifique a figuras influyentes con un historial de proporcionar información precisa y perspicaz. Busque personas con amplia experiencia, conocimientos en áreas específicas de interés y una reputación de análisis creíble. Realice investigaciones, lea reseñas y evalúe sus contribuciones pasadas para asegurarse de que sus conocimientos se alineen con los objetivos personales y las estrategias de inversión.
Siga a diversas figuras influyentes para obtener una perspectiva más amplia sobre la industria de las criptomonedas. Diferentes personas aportan conocimientos y perspectivas únicos, lo que permite a los inversores considerar múltiples puntos de vista y tomar decisiones completas. Diversificar las fuentes también ayuda a mantenerse informado sobre diferentes aspectos de las criptomonedas, como el comercio, la tecnología, las regulaciones y los proyectos específicos.

Interactúe con figuras influyentes participando activamente en discusiones, haciendo preguntas y compartiendo ideas. Muchas figuras influyentes valoran el compromiso con sus seguidores y, a menudo, responden a las consultas. Al participar activamente, los inversores pueden contribuir a la conversación, buscar aclaraciones y obtener más información de estas personas.

Si bien las figuras influyentes proporcionan información valiosa, verificar y validar la información recibida es crucial. Realice investigaciones independientes, haga referencias cruzadas de información de múltiples fuentes y evalúe críticamente el análisis proporcionado. Mantener una mentalidad escéptica garantiza que las decisiones se basen en información completa y verificada.

Mejora continua de sus habilidades comerciales

En el mundo del comercio de criptomonedas, donde las condiciones del mercado cambian constantemente, la mejora continua de las habilidades comerciales es esencial para el éxito a largo plazo. Adaptarse, analizar las tendencias del mercado y tomar decisiones informadas es crucial para navegar por el volátil mercado de las criptomonedas. Esta sección explora la importancia de mejorar continuamente las habilidades comerciales, las estrategias para mejorar las habilidades y los beneficios de una mentalidad orientada al crecimiento en
el comercio de criptomonedas.

La mejora continua de las habilidades comerciales es vital por varias razones. En primer lugar, el mercado de las criptomonedas es muy dinámico y volátil. Las tendencias y los patrones pueden cambiar rápidamente, por lo que es necesario que los traders se mantengan actualizados y adapten sus estrategias en consecuencia. Al mejorar continuamente las habilidades comerciales, los operadores pueden analizar mejor las condiciones del mercado, identificar oportunidades y ajustar sus estrategias comerciales para maximizar la rentabilidad. En segundo lugar, el mercado de las criptomonedas está influenciado por varios factores, incluidos los avances tecnológicos, los cambios regulatorios y los desarrollos económicos globales. Al mejorar continuamente sus habilidades, los traders pueden mejorar su comprensión de estos factores y su impacto en las tendencias del mercado. Este conocimiento permite a los traders tomar decisiones más informadas y reduce el riesgo de ser sorprendido por eventos inesperados.

Por último, la mejora continua de las habilidades ayuda a los traders a desarrollar la resiliencia y el control emocional. El trading puede ser un desafío emocional, con el potencial de ganar y perder. Al perfeccionar continuamente sus habilidades, los traders pueden gestionar mejor sus emociones, tomar decisiones racionales y evitar acciones impulsivas impulsadas por el miedo o la codicia. Este control emocional contribuye a un trading consistente y disciplinado, lo que conduce al éxito a largo plazo.

Varias estrategias pueden ayudar a los traders a mejorar sus habilidades y mantenerse a la vanguardia en el mercado de las criptomonedas:

Participar en el aprendizaje y la educación continuos para ampliar los conocimientos y las habilidades. Manténgase actualizado sobre las tendencias del mercado, las técnicas de análisis técnico y los factores fundamentales que afectan a las criptomonedas. Lee libros, asiste a seminarios web e inscríbete en cursos específicos sobre el comercio de criptomonedas. Este compromiso con el aprendizaje garantiza que los traders permanezcan informados sobre las últimas estrategias y desarrollos de la industria.

Practique el trading a través de entornos simulados o cuentas de demostración. Estas plataformas permiten a los operadores probar diferentes estrategias, analizar las condiciones del mercado y evaluar su rendimiento sin arriesgar capital real. Los profesionales del trading pueden perfeccionar sus habilidades, probar nuevas estrategias y aumentar su confianza en su toma de decisiones practicando en un entorno simulado.

Analice regularmente las operaciones pasadas para identificar fortalezas, debilidades y áreas de mejora. Revisar operaciones anteriores ayuda a los traders a reconocer patrones, evaluar la efectividad de sus estrategias y aprender de sus errores. Esta autorreflexión y análisis contribuyen al desarrollo de mejores hábitos comerciales y procesos de toma de decisiones.

Únase a las comunidades y foros de trading para interactuar con otros traders y compartir ideas. Se pueden obtener perspectivas y comentarios participando en discusiones, planteando consultas y estudiando la experiencia de los operadores más experimentados. Colaborar con una comunidad de traders fomenta un entorno de aprendizaje, expone a los traders a diversas estrategias y fomenta el intercambio de ideas y experiencias.

Adoptar una mentalidad orientada al crecimiento es fundamental para mejorar continuamente las habilidades comerciales. Una mentalidad orientada al crecimiento enfatiza los siguientes beneficios:

Una mentalidad orientada al crecimiento promueve la adaptabilidad y la flexibilidad en respuesta a los cambios del mercado. Los traders con una mentalidad de crecimiento están abiertos a aprender nuevas estrategias, explorar diferentes enfoques y adoptar nuevas tecnologías. Esta adaptabilidad permite a los traders ajustar sus estrategias a medida que evolucionan las condiciones del mercado, mejorando sus posibilidades de éxito.

Una mentalidad orientada al crecimiento fomenta la resiliencia y la persistencia frente a los desafíos. Los traders entienden que los contratiempos son parte del proceso de aprendizaje y los ven como oportunidades de crecimiento. Esta resiliencia ayuda a los traders a recuperarse de las pérdidas, aprender de sus errores y perseverar en la mejora de sus habilidades a lo largo del tiempo.

Una mentalidad orientada al crecimiento se centra en la mejora continua en lugar de en los resultados a corto plazo. Los traders con esta mentalidad priorizan el desarrollo de habilidades, la adquisición de conocimientos y la autorreflexión. Independientemente del resultado, ven cada operación como una oportunidad de aprendizaje y se comprometen a refinar sus estrategias para el éxito a largo plazo.

CONCLUSIÓN

Resumen de los conceptos clave cubiertos

A lo largo de este libro electrónico, hemos explorado varios aspectos del comercio de criptomonedas, con el objetivo de equipar a los lectores con una comprensión del mercado de criptomonedas y estrategias comerciales efectivas. Al concluir este viaje, es valioso recapitular los conceptos clave cubiertos en este libro electrónico. Esta sección sirve como recapitulación, resumiendo los conceptos, técnicas y principios esenciales discutidos a lo largo del libro electrónico.

I. Entendiendo las criptomonedas

Comenzamos definiendo las criptomonedas y explorando su tecnología subyacente, blockchain. Profundizamos en los beneficios y desafíos de las criptomonedas, incluidos los problemas de descentralización, seguridad y escalabilidad. También hablamos de la historia de las criptomonedas y su evolución hasta nuestros días.

II. Principios y Técnicas de Trading

Examinamos los principios fundamentales del trading, haciendo hincapié en la importancia de la gestión del riesgo, la asignación de capital y el desarrollo de una estrategia de trading personalizada. Exploramos varios enfoques de trading, incluyendo el day trading, el swing trading, el trading de posición, el scalping y el trading algorítmico. Cada enfoque fue analizado en términos de sus características, estrategias y beneficios potenciales.

III.   Análisis y estrategias de mercado

Cubrimos técnicas de análisis de mercado como el análisis técnico, el análisis fundamental y la evaluación del sentimiento del mercado y las tendencias de las redes sociales. Discutimos patrones gráficos, análisis de velas, líneas de tendencia, niveles de soporte y resistencia, indicadores y osciladores, niveles de retroceso y extensión de Fibonacci, así como indicadores económicos y eventos noticiosos que afectan a las criptomonedas. Estas herramientas y estrategias permiten a los traders
tomar decisiones informadas basadas en un análisis exhaustivo de las tendencias del mercado y la información relevante.

IV.   Gestión de riesgos y seguridad

Enfatizamos la importancia de la gestión de riesgos e introdujimos varias técnicas para mitigar los riesgos en el comercio de criptomonedas. Exploramos conceptos como las órdenes de stop-loss, el tamaño de las posiciones y la diversificación para proteger las inversiones. Además, discutimos la importancia de asegurar los activos de criptomonedas a través de técnicas como la autenticación de dos factores, el almacenamiento en frío y la elección de intercambios confiables.

V.   Superar los escollos psicológicos

Abordamos los desafíos psicológicos a los que se enfrentan los traders y proporcionamos información sobre cómo superar emociones como el miedo, la codicia y el FOMO (miedo a perderse algo) y el FUD (miedo, incertidumbre y duda). Enfatizamos la importancia del control emocional, el desarrollo de una mentalidad disciplinada y el mantenimiento de una perspectiva a largo plazo para evitar la toma de decisiones impulsivas e irracionales.

VI. Mejora Continua y Recapitulación

Por último, destacamos la importancia de mejorar continuamente las habilidades de trading a través del aprendizaje continuo, la práctica y el compromiso con la comunidad de criptomonedas. Hablamos de los beneficios de seguir a figuras influyentes, mantenerse informado sobre las tendencias del mercado y desarrollar una mentalidad orientada al crecimiento. El resumen enfatizó la importancia de adoptar un enfoque disciplinado, mantenerse actualizado sobre los desarrollos del mercado y buscar activamente oportunidades para mejorar las habilidades.

Este libro electrónico ha cubierto una amplia gama de conceptos y técnicas clave relacionados con el comercio de criptomonedas. Desde la comprensión de los conceptos básicos de las criptomonedas hasta la implementación de estrategias comerciales efectivas, hemos explorado las diversas facetas de este mercado dinámico. Al recapitular los conceptos esenciales, reforzamos los conocimientos adquiridos y proporcionamos una visión general completa de los temas tratados. Es importante recordar que el éxito del trading requiere un aprendizaje continuo, adaptabilidad y una ejecución disciplinada de las estrategias. Con el conocimiento obtenido de este libro electrónico, los operadores pueden acercarse con confianza al mercado de criptomonedas, tomar decisiones informadas y navegar por el panorama siempre cambiante del comercio de criptomonedas.

Estímulo para el aprendizaje y la práctica continuos

Al concluir este libro electrónico sobre el comercio de criptomonedas, es crucial enfatizar la importancia del aprendizaje y la práctica continuos en la búsqueda del éxito comercial. El mercado de las criptomonedas es dinámico y está en constante evolución, lo que requiere que los operadores se mantengan actualizados, se adapten a los cambios y perfeccionen sus habilidades. Esta sección sirve como fuente de aliento, destacando los beneficios del aprendizaje y la práctica continuos, proporcionando estrategias para el desarrollo continuo y reforzando la mentalidad de crecimiento necesaria para el éxito a largo plazo en el comercio de criptomonedas.

I. Los beneficios del aprendizaje continuo

El aprendizaje continuo es esencial en el mundo del comercio de criptomonedas, ya que ofrece numerosos beneficios a los comerciantes:

<u>Mantenerse al día con las tendencias del mercado</u>

Los rápidos cambios y las tendencias emergentes caracterizan el mercado de las criptomonedas. A través del aprendizaje continuo, los operadores pueden mantenerse actualizados sobre la dinámica del mercado, los avances tecnológicos, los desarrollos regulatorios y las oportunidades emergentes. Este conocimiento permite a los traders tomar decisiones informadas y capitalizar la evolución de las tendencias.

<u>Ampliar el conocimiento y el conjunto de habilidades</u>

El aprendizaje continuo amplía el conocimiento y las habilidades de los traders, mejorando su comprensión de las técnicas de análisis técnico, los factores fundamentales y las estrategias de trading. Al profundizar en estos conceptos, los traders obtienen una ventaja competitiva, desarrollan nuevos enfoques y refinan sus métodos de trading. Un conjunto de habilidades completo permite a los operadores adaptarse a las diversas condiciones del mercado y aprovechar oportunidades rentables.

Adopción de innovaciones y nuevas tecnologías

El comercio de criptomonedas está estrechamente relacionado con los avances tecnológicos. El aprendizaje continuo permite a los traders adoptar innovaciones como las finanzas descentralizadas (DeFi), los tokens no fungibles (NFT) y otras tendencias emergentes. Al mantenerse informados sobre las nuevas tecnologías, los operadores pueden identificar oportunidades, evaluar riesgos y posicionarse a la vanguardia de los desarrollos de la industria.

II. Estrategias para el desarrollo continuo

Para facilitar el aprendizaje y la práctica continuos, los traders pueden emplear las siguientes estrategias:

Participe en análisis de mercado regulares

Dedique tiempo a analizar las tendencias del mercado, estudiar gráficos y evaluar oportunidades comerciales. Participe activamente en el análisis técnico, la investigación fundamental y el análisis del sentimiento del mercado. Al analizar constantemente el mercado, los operadores pueden refinar sus habilidades analíticas y desarrollar una comprensión más profunda de la dinámica del mercado.

Asista a seminarios web y conferencias

Participe en seminarios web y conferencias centrados en el comercio de criptomonedas. Estos eventos brindan la oportunidad de aprender de expertos de la industria, obtener información sobre nuevas estrategias y participar en discusiones con personas de ideas afines. Asistir a este tipo de eventos fomenta la creación de redes, el intercambio de conocimientos y la exposición a diversas perspectivas.

Únete a las comunidades comerciales

Forma parte de comunidades de trading y foros dedicados a las criptomonedas. Participe en discusiones, comparta ideas y aprenda de operadores experimentados. Las comunidades comerciales ofrecen un entorno de apoyo para intercambiar ideas, hacer preguntas y mantenerse actualizado sobre los últimos desarrollos del mercado. Al participar activamente, los traders pueden aprender de las experiencias de los demás y obtener información valiosa.

Mantener un diario de operaciones

Mantenga un diario de operaciones para realizar un seguimiento y analizar las operaciones. Documentar los puntos de entrada y salida, las estrategias utilizadas y la lógica detrás de las decisiones permite a los traders identificar patrones, fortalezas y debilidades. Un diario de trading sirve como una valiosa herramienta de aprendizaje, ya que proporciona un registro histórico de las operaciones, facilita la autorreflexión y guía la toma de decisiones futuras.

III.   Adoptar una mentalidad de crecimiento

Para fomentar el aprendizaje y la práctica continuos, los traders deben adoptar una mentalidad de crecimiento:

Enfatizar el crecimiento personal

Vea el trading como un viaje de crecimiento y desarrollo personal. Acepta los desafíos como oportunidades para aprender, adaptarte y mejorar. Concéntrese en el progreso en lugar de en los resultados a corto plazo, y celebre las pequeñas victorias en el camino. Al abrazar el crecimiento personal, los traders cultivan la resiliencia y la motivación para superar los obstáculos y mejorar continuamente sus habilidades de trading.

Aprender de los errores

Los errores son valiosas oportunidades de aprendizaje. En lugar de desanimarse por las pérdidas o los reveses, analícelos objetivamente y extraiga lecciones. Reconoce que los errores son parte del proceso de aprendizaje y una oportunidad de mejora. Ajuste las estrategias, perfeccione los enfoques y aplique los conocimientos adquiridos de experiencias pasadas a operaciones futuras.

Busca retroalimentación y tutoría

Busca la opinión de traders experimentados o considera la posibilidad de trabajar con un mentor. Las perspectivas externas pueden proporcionar información valiosa, identificar puntos ciegos y ofrecer orientación para mejorar. Comprometerse con mentores o buscar comentarios de traders experimentados acelera el aprendizaje, ayuda a evitar errores comunes y facilita el crecimiento en la competencia comercial.

El aprendizaje y la práctica continuos son indispensables para el éxito en el mundo del comercio de criptomonedas. Al adoptar una mentalidad de crecimiento, participar en estrategias de desarrollo continuo y mantener la sed de conocimiento, los traders se posicionan para el éxito a largo plazo. El mercado de las criptomonedas está en constante evolución, y mantenerse actualizado, ampliar el conocimiento y refinar las habilidades es esencial para navegar por sus complejidades. Al aprender continuamente, adaptarse a los cambios y buscar oportunidades de crecimiento, los operadores pueden mejorar su rendimiento comercial, aumentar sus posibilidades de éxito y desbloquear todo el potencial del comercio de criptomonedas.

Consejos finales para el éxito del comercio de criptomonedas

Al concluir este libro electrónico sobre el comercio de criptomonedas, es esencial proporcionar consejos finales para los comerciantes que buscan el éxito en este mercado dinámico y en constante evolución. El comercio exitoso de criptomonedas requiere una combinación de conocimiento, habilidad, disciplina y adaptabilidad. Esta sección sirve como culminación de los principios clave discutidos a lo largo de este libro electrónico, ofreciendo consejos prácticos y reforzando la mentalidad necesaria para lograr el éxito en el comercio de criptomonedas.

Uno de los principios fundamentales del éxito en el comercio de criptomonedas es adoptar una perspectiva a largo plazo. Los mercados de criptomonedas son muy volátiles y las fluctuaciones a corto plazo pueden ser intensas. Los traders pueden evitar decisiones impulsivas basadas en oscilaciones del mercado a corto plazo al tener una perspectiva a largo plazo. En su lugar, concéntrese en los fundamentos subyacentes de las criptomonedas, los avances tecnológicos y las tendencias del mercado que potencialmente pueden impulsar el valor a largo plazo.

La investigación exhaustiva es crucial para tomar decisiones comerciales informadas. Antes de invertir en una criptomoneda, comprenda su tecnología, casos de uso, equipo, posicionamiento en el mercado y riesgos potenciales. Realizar análisis técnicos para identificar patrones y tendencias, y realizar análisis fundamentales para evaluar la viabilidad del proyecto y las perspectivas a largo plazo. La investigación es la base sobre la que se construyen las operaciones exitosas.

Una estrategia de trading disciplinada es vital para un éxito constante en el trading de criptomonedas. Defina puntos de entrada y salida claros, niveles de tolerancia al riesgo y reglas de tamaño de posición. Cíñete a tu estrategia y evita tomar decisiones emocionales o impulsivas. Adopte técnicas de gestión de riesgos, como establecer órdenes de stop-loss y diversificar su cartera, para proteger sus inversiones. Un enfoque disciplinado mantiene las emociones bajo control y aumenta la probabilidad de operaciones exitosas.

El mercado de las criptomonedas evoluciona constantemente, y los traders exitosos deben aprender y adaptarse continuamente. Manténgase actualizado sobre las tendencias del mercado, los avances tecnológicos y los desarrollos regulatorios. Participe en el aprendizaje continuo a través de libros, seminarios web, conferencias e interacciones con otros operadores. Esté abierto a nuevas ideas, estrategias y perspectivas, y esté dispuesto a adaptar su enfoque de trading a medida que cambien las condiciones del mercado. El aprendizaje y la adaptación continuos son clave para mantenerse a la vanguardia en el mercado de las criptomonedas.

Gestionar el riesgo de forma eficaz es esencial para el éxito a largo plazo. Nunca asuma más riesgos de los que puede soportar y distribuya sus fondos de manera efectiva entre varias criptomonedas o enfoques comerciales. Utilice órdenes de stop-loss para limitar las pérdidas potenciales y proteger su capital. Para distribuir el riesgo y minimizar la exposición a cualquier criptomoneda en particular, diversifique sus tenencias. Al gestionar el riesgo de forma eficaz, protege su capital y aumenta sus posibilidades de obtener una rentabilidad constante.

El control emocional es crucial en el comercio de criptomonedas. La codicia y el miedo pueden nublar el juicio y producir malas decisiones. Cíñete a tu plan y estrategia de trading, y evita dejarte llevar por las fluctuaciones del mercado a corto plazo o las noticias sensacionalistas. Toma decisiones basadas en un análisis exhaustivo y un razonamiento objetivo, en lugar de en las emociones. Desarrollar el control emocional es una habilidad que requiere tiempo y práctica, pero es esencial para un éxito constante en el trading.

Estar rodeado de un grupo amistoso de comerciantes y entusiastas de ideas afines puede ser una gran fuente de aliento, consejo e inspiración. Únase a comunidades comerciales, participe en foros, asista a reuniones y participe en discusiones con personas de ideas afines.

Compartir experiencias, conocimientos y desafíos con otros miembros de la comunidad de criptomonedas puede mejorar sus conocimientos, proporcionar diferentes perspectivas y ayudarlo a mantenerse motivado a lo largo de su viaje comercial.

El comercio exitoso de criptomonedas es un arte que requiere una combinación de conocimiento, habilidad, disciplina y adaptabilidad. Al adoptar una perspectiva a largo plazo, realizar una investigación exhaustiva, desarrollar una estrategia comercial disciplinada, aprender y adaptarse continuamente, administrar el riesgo de manera efectiva, ejercer control emocional y rodearse de una comunidad de apoyo, se posiciona para el éxito en el mercado de criptomonedas. Recuerde que el comercio de criptomonedas es un viaje que implica un aprendizaje continuo, la superación personal y la capacidad de adaptarse a las condiciones cambiantes del mercado. Al implementar los principios discutidos en este libro electrónico y adoptar una mentalidad orientada al crecimiento, puede navegar por las complejidades del mercado de criptomonedas y aumentar sus posibilidades de lograr el éxito a largo plazo.